Klaus Jahn

Vom Punkt zum Bild

Unterrichtsideen für grafische Gestaltung
und Zwischentechnik

Ideen für die Praxis

BRIGG Pädagogik

Gedruckt auf umweltbewusst gefertigtem, chlorfrei gebleichtem
und alterungsbeständigem Papier.

1. Auflage 2009
Nach den seit 2006 amtlich gültigen Regelungen der Rechtschreibung

ISBN 978-3-87101-**394**-2

www.brigg-paedagogik.de

Inhaltsverzeichnis

Vorwort ... 5

1 Bildungsauftrag, Lernziele im Kunstunterricht ... 6

2 Bereich Grafik ... 7

2.1 Aufgabenstellung, Problemstellung ... 7

2.1.1 Schraffur ... 7
- Parallelschraffur ... 7
- Kreuzschraffur ... 7
- Schraffurschichten ... 8

2.1.2 Struktur ... 9
- glatt ... 9
- rau ... 9
- wellig, Holz ... 9

2.1.3 Textur ... 10
- Mauer ... 10
- Holz ... 10
- Rinde ... 10
- Textil ... 10

2.2 Zeichenwerkzeuge, Material ... 11

2.2.1 Bleistift ... 11

2.2.2 Zeichenfeder und Tusche ... 12

2.3 Gestaltungsmittel ... 13

2.3.1 Der Punkt ... 14
- Reihung ... 14
- Streuung ... 14
- Ballung ... 14

2.3.2 Die Linie ... 15
- Umrisslinie ... 16
- Formlinie ... 16
- Linienvariation ... 16
- Schraffurvariationen ... 16

2.3.3 Die Fläche ... 17
- Gestaltung mit Punkten ... 17
- Gestaltung mit Schraffurlinien ... 17
- Flächengestaltung mit Linienvariationen ... 17

2.4 Beispiele (Themen) ... 18

2.4.1 Fisch ... 18

2.4.2 Landschaft ... 19

2.4.3 Dachlandschaft ... 22
2.4.4 Kreisflächen ... 23
2.4.5 Gestaltung von Flächen ... 26
2.4.6 Bilddiktat ... 27
2.4.7 Rhinozeros (Kunstbetrachtung zu Albrecht Dürer) ... 29
2.4.8 Verwindungen ... 31
2.4.9 Knäuel ... 33
2.4.10 Moschee ... 35
2.4.11 Baum ... 37
2.4.12 Baumscheibe ... 39
2.4.13 Labyrinth/Irrgarten ... 40
2.4.14 Sachzeichnen ... 42

3 Bereich Zwischentechnik ... 45

3.1 Spritzdruck ... 45
Neue und alte Technik im Vergleich ... 45

3.2 Bürsten-Farbsprüh-Technik ... 45

3.3 Arbeitsgang für Vorübungen ... 45
Gestaltungsmittel, Einsatz und Wirkung

3.4 Beispiele (Themen) ... 47
3.4.1 Landkarte aus dem Gebirge ... 47
3.4.2 Spiel mit Kreis, Quadrat und Dreieck ... 49
3.4.3 Variationen des Themas ... 51
3.4.4 Blüte ... 52
3.4.5 Obst ... 56
3.4.6 Variationen zum Thema Obst ... 59
3.4.7 Themenvariationen ... 60
– Blüten ... 60
– Insekten ... 60

4 Literatur ... 61

Vorwort

In meinem Schulalltag habe ich es schon oft erlebt, dass ich nach Themen und Techniken für den täglichen Unterrichtsgebrauch gefragt wurde.
Aufgrund meiner langjährigen Erfahrung als Kunstlehrer und Künstler möchte ich deshalb auf den folgenden Seiten versuchen, eine Abfolge von Phasen aufzuzeigen, die als Bausteine dienen sollen, um Mittel und Möglichkeiten bildnerischer Gestaltung ausdrücken zu können.
Dieses Buch soll aber kein Rezeptbuch sein, bei dem man eine Seite aufschlägt und dann „nachkocht".
Vielmehr soll es anregen zu experimentieren und neue, interessante Wege zu finden, die dazu dienen, Handlungsfelder wie Gestalten und Betrachten durch ästhetische Erfahrungen zu bereichern. Da dem Fachlehrplan ein erhöhtes Maß an pädagogisch frei verfügbarer Unterrichtszeit zugrunde liegt, sollte dieser Freiraum für ein vielgestaltiges kreatives Spektrum genutzt werden.
Dieses Handbuch für den Kunstunterricht stellt zwei Bereiche aus der Vielfalt der künstlerischen Techniken vor.
Es geht dabei um das Zeichnen als Grundlage bildnerischen Gestaltens und um die Bürsten-Farbsprüh-Technik. Das Ganze führt vom Einfachen hin zum Komplexen. Passende Beispiele lassen sowohl den Laien als auch den Fachmann nachvollziehen, wie sich technische Vorgänge anhand von entsprechenden Themenangeboten entwickeln lassen.
Dies soll jedoch nicht als Aufforderung verstanden werden das Vorgemachte nur nachzuahmen. Die Themen dienen vielmehr als Anregung, um mit den Kindern bildhafte Vorstellungen zu entwickeln und diese technisch umzusetzen.
Man kann sagen, dass es wohl keine festgesetzten Normen für den Zeitpunkt und die Art der anzuwendenden Technik gibt. Manche Kinder erfassen komplizierte Vorgänge früher als andere. So wird jeder Lehrer den richtigen Zeitpunkt nach dem jeweiligen Entwicklungsstand seiner Schüler finden müssen.

1 Bildungsauftrag, Lernziele im Kunstunterricht

Im Übergang aus dem Kindesalter in eine Vorreifezeit werden die Dinge oder die realen Gegebenheiten zunehmend kritisch hinterfragt und nicht mehr einfach hingenommen. Die Suche nach der wirklichkeitsgetreuen Darstellung hat begonnen.
Kinder entwickeln ein reicher werdendes grafisches Gestalten mit dem Wunsch nach wirklichkeitsgetreuen Darstellungen hin zu einer differenzierten Verfeinerung und Entfaltung der individuellen Aussageform. Durch das Erkennen des eigenen Ichs erwächst die Selbstkritik am eigenen Schaffen.
Die Schule soll den Schülern helfen sich ein Bild von der Welt zu machen. Spezielle Lernziele in der Sekundarstufe I sind die Erweiterung und Verfeinerung der Wahrnehmungsfähigkeit im ästhetischen Bereich und die Fähigkeit zur Interpretation in einer sachlich angemessenen, subjektiven Stellungnahme.
Die Handlungsfelder Gestalten und Betrachten ergänzen sich und sind so gerichtet, dass die Schüler im praktischen Erproben bildhafter Erfindungen und Darstellungen lernen ihre Wahrnehmungen, Vorstellungen und Empfindungen entwicklungsgerecht auszudrücken.

2 Bereich Grafik

2.1 Aufgabenstellung, Problemstellung

Punkt und Linie sind die Ausgangsform für die rhythmische Gliederung einer Fläche. Dabei muss festgestellt werden, dass sich die Schüler verschiedener Altersstufen entsprechend unterschiedlich mit den grafischen Strukturen bildnerisch auseinandersetzen. Die gestellten Aufgaben und Probleme sind dementsprechend zu formulieren.
Die Linie legt Bewegungsspuren, umreißt Formen und wird durch Verdichtung, Schraffur, Struktur, Textur oder Stofflichkeit zur Fläche oder zu plastischen Körpern.

2.1.1 Schraffur

Schraffuren sind Bündel von Linien, die gleichgerichtet sind und eine Gleichmäßigkeit aufweisen. Das Variieren von Linienstärken, Abständen und Schichtungen erzeugt unterschiedliche Grauwerte. Schraffuren können als Parallel- oder Kreuzschraffur auftreten.
Die Abbildungen zeigen verschiedene Schraffuren.

Parallelschraffur

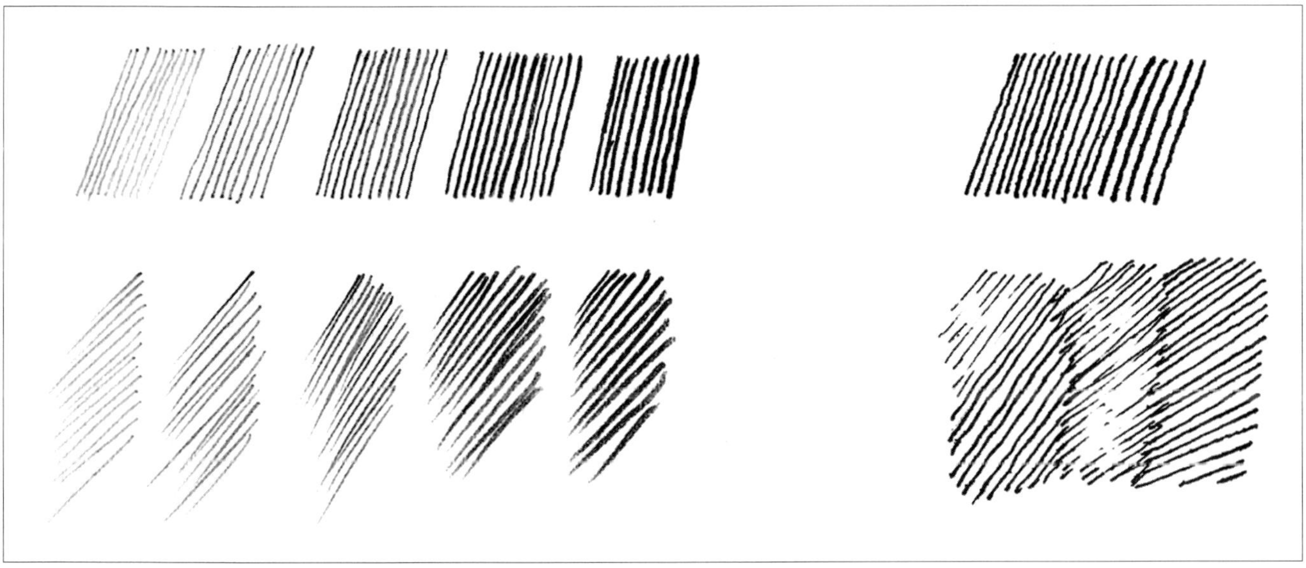

Kreuzschraffur

Schraffurschichten

Die Schraffuren erzielen durch ihre verschiedenen Richtungen, Strichstärken und Abstände unterschiedliche Wirkungen und Grauwerte.

2.1.2 Struktur

Durch unterschiedliche Formen und Zeichen in Abhängigkeit vom Duktus und dem eingesetzten Werkzeug lassen sich Strukturen erzielen, die, betont durch die Grauabstufungen, unter anderem räumlich-plastische Wirkungen erzeugen können.
Strukturen machen Prozesse sichtbar. Deshalb ist es notwendig, dass eine Form allmählich aufgebaut wird und man dadurch Veränderungen im Entstehungsprozess erfährt. Strukturen in und aus der Natur sind gegebene Strukturelemente, die in der Abbildung übernommen werden können. Die Beachtung der Baugesetze der Natur erweitern den Bestand an Bildformen der Schüler. Diese sollen lernen die Natur nicht nur zeichnerisch wiederzugeben, sondern so zu bilden wie die Natur. Die Entstehung der Formen in der Zeichnung gibt das Werden in der Wirklichkeit wieder.
Strukturelemente sind im Gegensatz zur Schraffur nicht gleichmäßig, sondern in Form, Strichführung, Richtung, Strichstärke und Größe unterschiedlich. Sie vermitteln durch ihren teilweise stofflichen Charakter den Eindruck von rauen, porösen, harten, weichen u. a. Oberflächen und Materialien.

glatt

rau

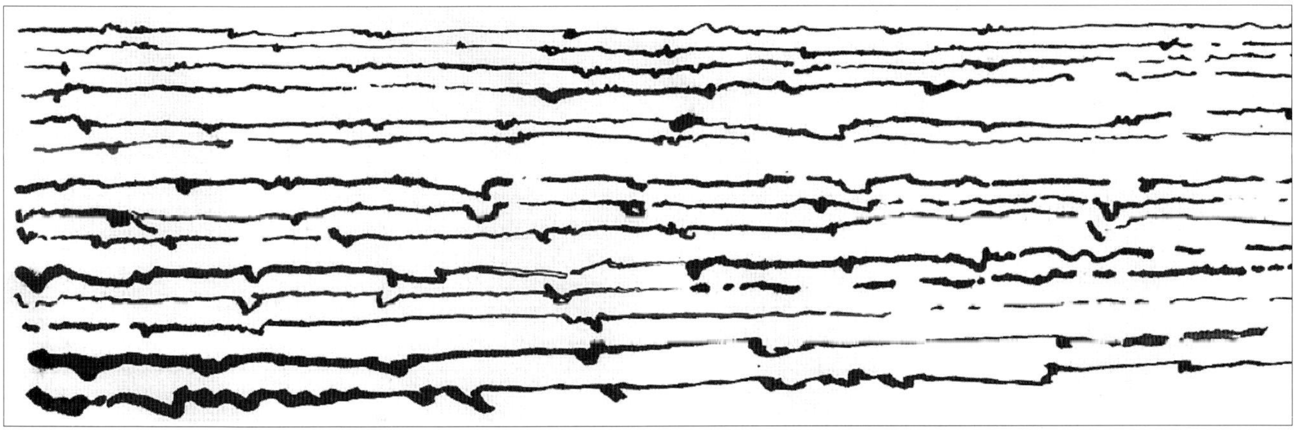

wellig, Holz

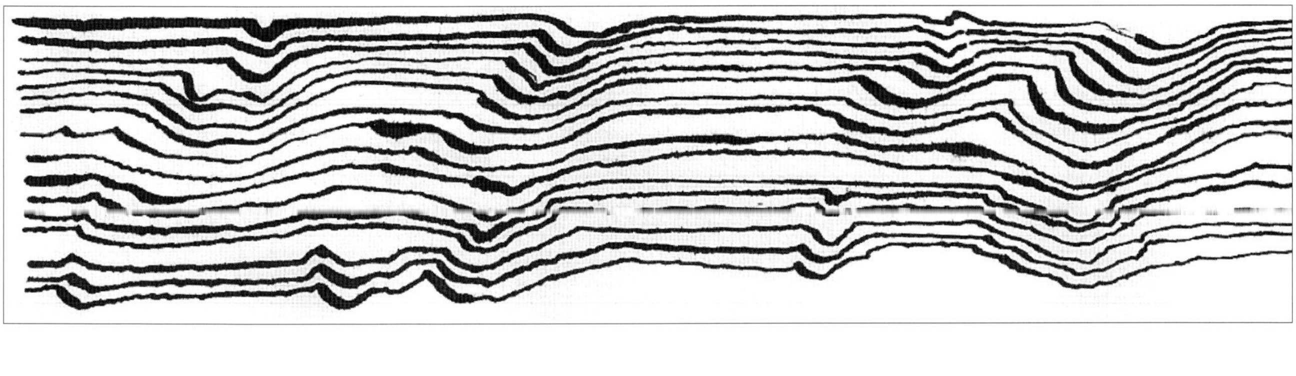

2.1.3 Textur

Oberflächenstruktur ist Textur. Die Oberfläche, die Außenhaut, mit Rissen, Brüchen oder Kratzern, verrät viel über den Charakter eines Gegenstandes.
Es ist möglich, über die Form ein Material zu erkennen, aber ein Holzhaus wird erst durch die Holzmaserung „echt". Bei der Darstellung von Metalloberflächen sollte die Härte des Materials erkennbar sein.

Mauer

Holz

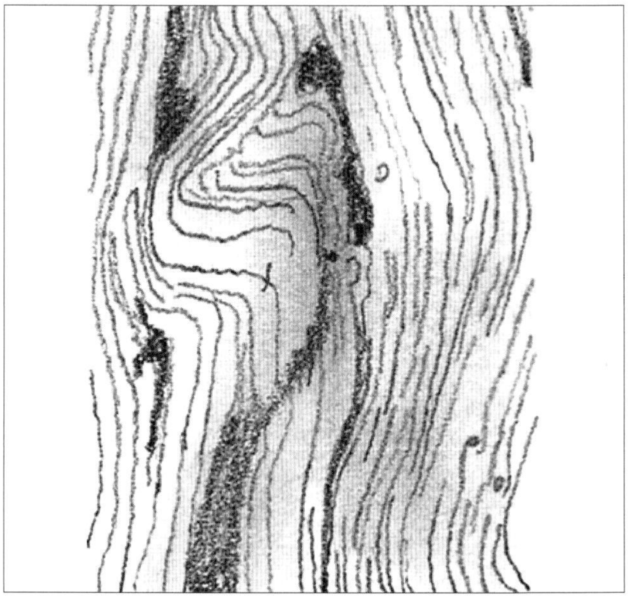

Rinde

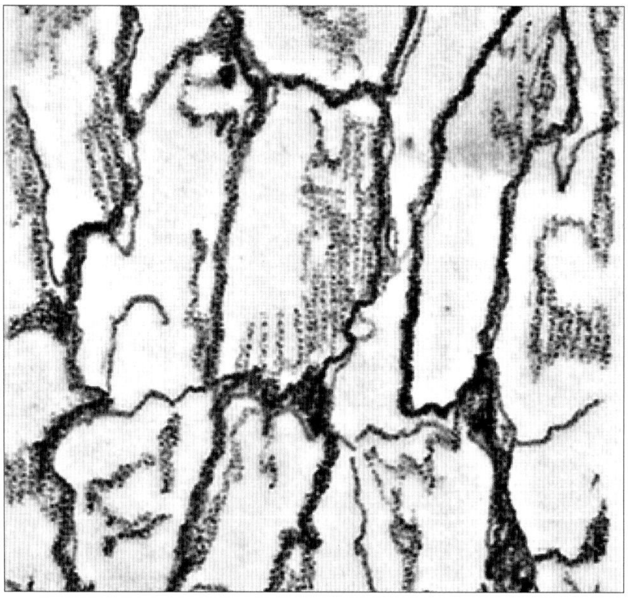

Textil

2.2 Zeichenwerkzeuge, Material

Beginnend mit dem Einsatz und dem Erforschen der Werkzeuge werden dann in Anlehnung an die Gestaltungsmittel Bildinhalte erfunden und entworfen. Mithilfe des Zeichnens, also durch Benutzung von Punkt, Linie und Fläche, kann Gesehenes durch Abbilden veranschaulicht werden. Etwa im 8. Jahrgang gilt es, die Räumlichkeit sichtbar zu machen und Gegenständliches abzubilden. Gegen Ende der Sekundarstufe I kann man vom Abbild zur Abstraktion kommen und mit Stimmungsbildern Empfindungen ausdrücken, die eine persönliche Auffassung der Dinge des eigenen Kosmos darstellen.

2.2.1 Der Bleistift

Für die Schule ist ein mittelharter Bleistift HB am geeignetsten. Der Bleistift als Zeichen- und Schreibgerät bietet eine große Variationsbreite. Je weicher der Stift jedoch ist, desto größer ist die Wirkung und desto leichter verwischt er auch. Spitze Striche sind wegen der schnellen Abreibung kaum möglich. Verwenden Schüler zu harte Bleistifte, drücken sie zu fest auf, um stärkere Grautöne zu erreichen. Dies führt zum Teil dazu, dass sich der Strich in das Papier einkerbt und verkrampft wirkt.
Der Bleistift ist geeignet für Skizzen und Entwürfe, genauso wie für letztlich entstehende Kunstwerke.

Wechselnder Druck, feiner Strich, kontrastierende Strichlagen führen zu unterschiedlichen Ergebnissen und Wirkungen. Mit flach aufgesetzten Stiften lässt sich schummern und der Strich verwischen, von zartem Grau bis hin zu tiefstem Schwarz.

Lockere Schraffurübung mit dem Ziel Konturen zu ertasten. Durch Verdichtung mithilfe von Schraffurschichten entstehen Grauabstufungen, die eine räumlich-plastische Wirkung ergeben.

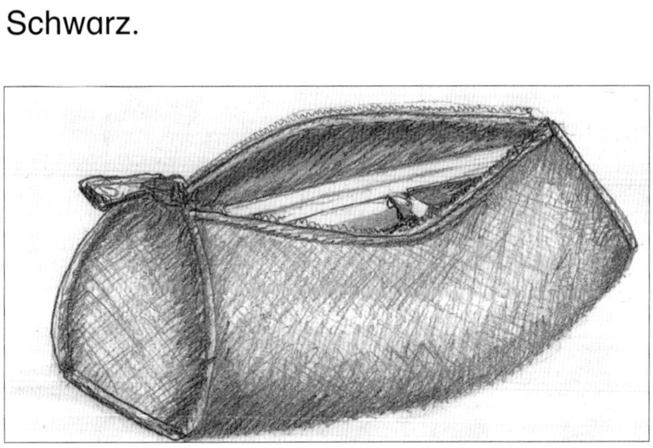

2.2.2 Zeichenfeder und Tusche

Die Zeichenfeder ist das empfindlichste Werkzeug, das erst in einer geübten Hand seine Möglichkeiten preisgibt. Bei den ersten Versuchen werden die Ergebnisse noch krakelig sein. Der erste Gebrauch erfordert von den Schülern viel Sorgfalt und Vorsicht. Dies bezieht sich besonders auf die Tusche. Der Arbeitsplatz sollte so übersichtlich wie möglich sein. Es reicht, wenn auf dem Tisch das Zeichenblatt liegt und das Tuscheglas steht. Außerdem ist darauf zu achten, dass nicht zu viel Tusche mit der Feder aus dem Glas aufgenommen wird, da dies, vor allem bei Anfängern, häufig zu Klecksen führt, die dann meist an den unpassendsten Stellen der Arbeit zustande kommen.

Ein zufriedenstellendes Ergebnis wird nur dem gelingen, der ausdauernd, geduldig und exakt arbeitet.

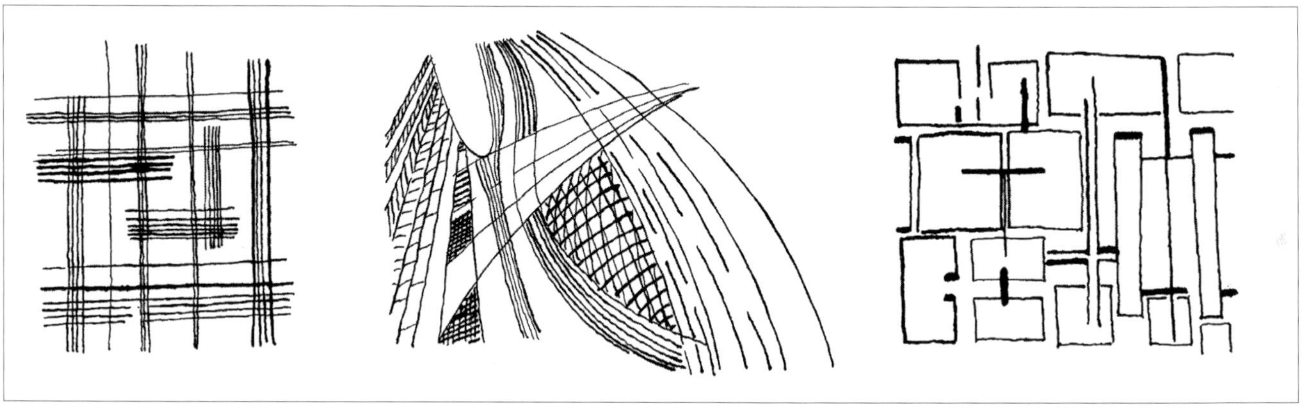

Mit der Zeichenfeder ergeben sich vielfältige Möglichkeiten Bilder zu gestalten.

2.3 Gestaltungsmittel

Zeichnen heißt die wirkliche Welt und die Phantasiewelt mit Zeichen wiederzugeben. Was sind Zeichen? Schrift ist zum Beispiel ein System von Zeichen, wie etwa Buchstaben aus dem Alphabet, zur Lesbarmachung von Gedanken.

Ähnlich ist es mit dem Zeichnen. Zeichen sind Informationsträger. Wer zeichnet, muss über Zeichen verfügen, die der Empfänger versteht. Die Problematik der Zeichen kann darin bestehen, dass es eine Vielzahl von ihnen gibt, die von zu wenigen visuell verstanden werden.

Eine Aufgabe des Zeichnens besteht auch darin, die Beobachtungsgabe zu verfeinern, um mit den gestalterischen Ausdrucksmöglichkeiten von der Skizze zur zeichnerischen Feinformung zu kommen.

Als bildnerische Mittel stehen der Punkt, die Linie und die Fläche zur Verfügung.

2.3.1 *Der Punkt*

Das einfachste und kleinste Zeichen, die kleinste Spur, die ein Zeichenwerkzeug hinterlassen kann, ist der Punkt. Dieser erscheint auf den ersten Blick unscheinbar. Mithilfe von Punkten lassen sich Bilder gestalten, die, ähnlich wie bei den mechanisch erzeugten Bildern, durch Verdichten und Rastern (d. h. die Zerlegung einer Vorlage in einzelne Punkte) entstehen. Durch Streuung, Ballung und Überlagerung entwickeln sich Grauabstufungen oder auch Farbmischungen, die die jeweilige Gestaltungsabsicht ermöglichen bzw. wiedergeben.

Reihung

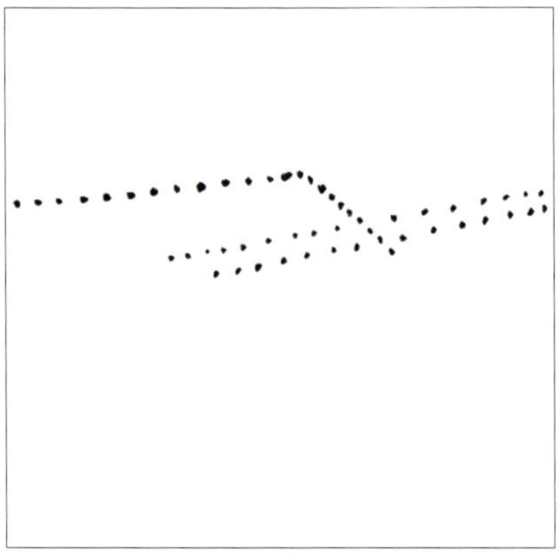

Streuung

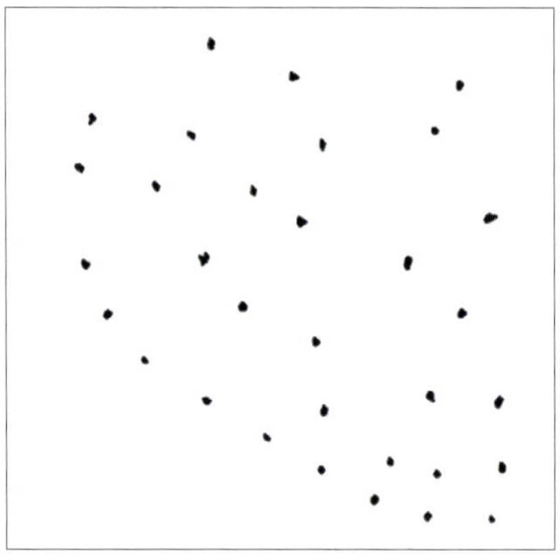

Ballung

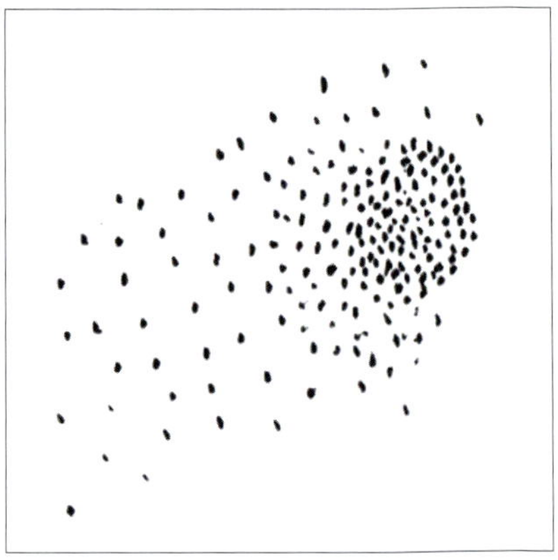

Das zu gestaltende Format sollte nicht zu groß sein, da sonst die Konzentration und die Ausdauer nachlassen und somit die Qualität der Arbeit darunter leidet.

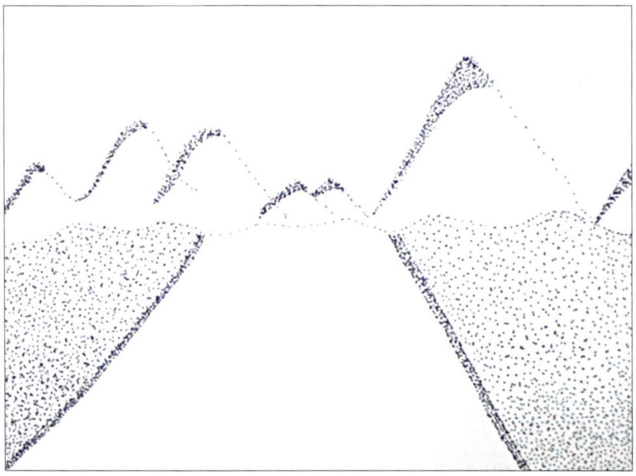

2.3.2 Die Linie

Das hauptsächlich verwendete bildnerische Mittel ist die Linie. Sie entsteht aus einer Bewegung, das heißt einer Aneinanderreihung von Punkten, die so dicht nebeneinanderliegen, dass sie für das Auge optisch eine Linie ergeben.
Über Strichstärken, Strichrichtungen, Schichtungen und Verlauf lassen sich entsprechend unterschiedliche Wirkungen erzielen. Jede Linie geht von einem Punkt aus. Gerade, kurze Linien bezeichnet man als Strich.

Grafische Bildelemente entstehen durch den Einsatz von Linien, also die Bewegung von Punkten, durch Erzeugung von Formen, Flächen, Schraffuren, Strukturen, Texturen oder Grauwerten.

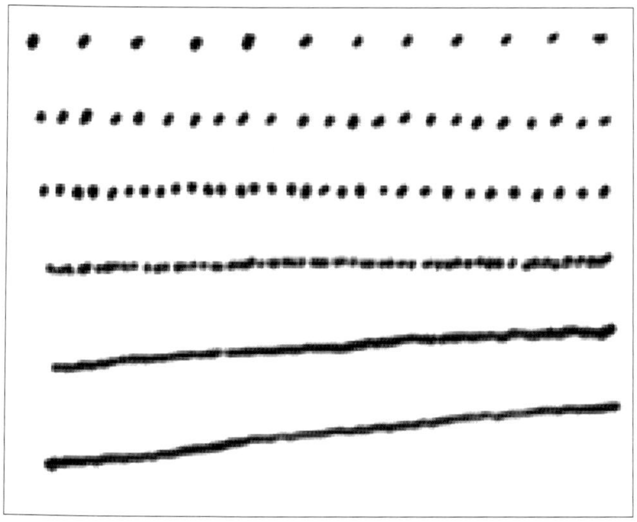

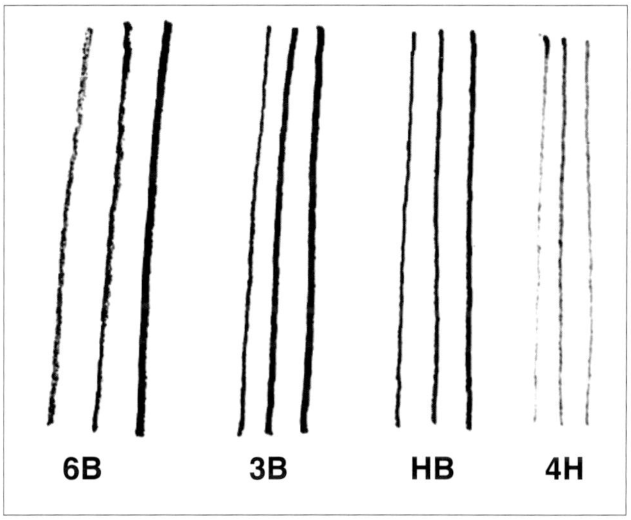

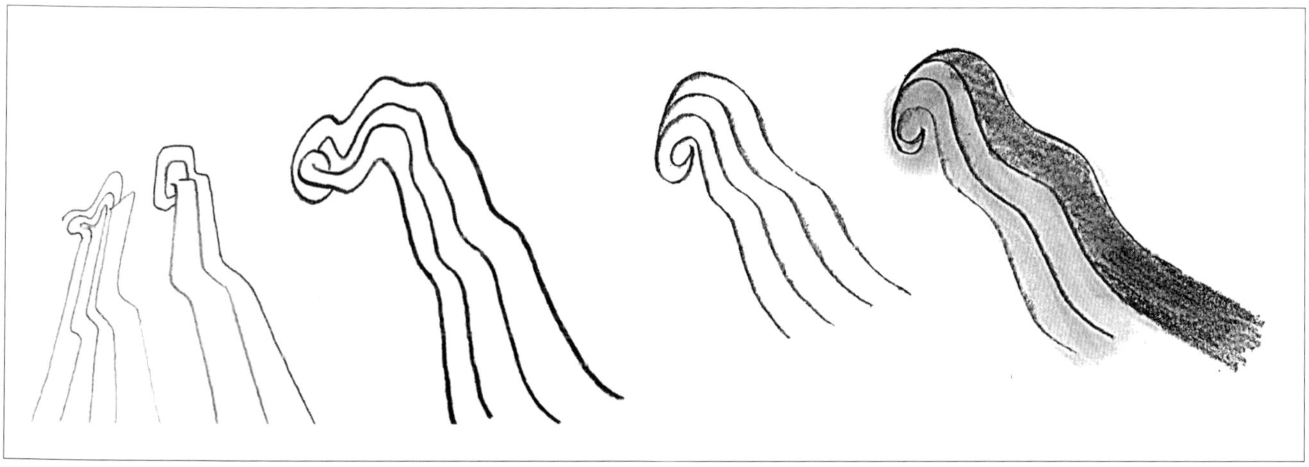

Durch den Einsatz von Punkt und Linie erschließt sich auch die Fläche mit ihren möglichen Umrissen und Binnengliederungen, Schraffuren und Grauwerten.

Umrisslinie

Linie in der Binnengliederung (Formlinie)

Linienvariationen zur Flächenfüllung

Erzeugen von Grauwerten mithilfe der Linie mit Schraffurstrichen

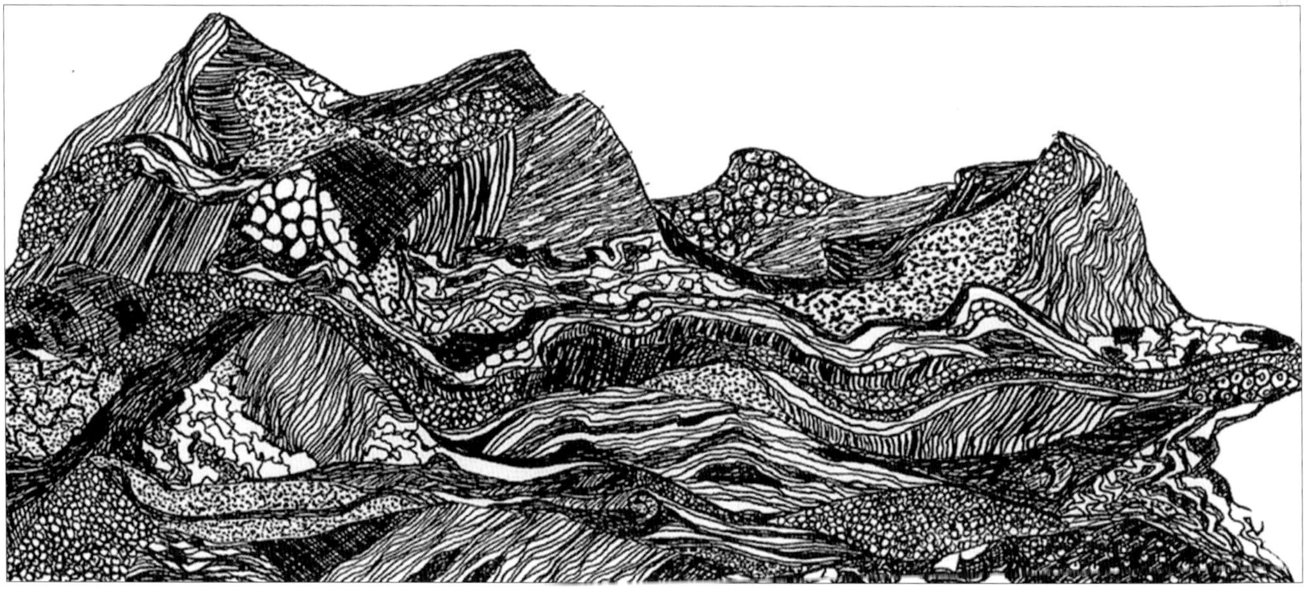

2.3.3 *Die Fläche*

Gestaltung mit Punkten

Gestaltung mit Schraffurlinien

Flächengestaltung mit Linienvariationen

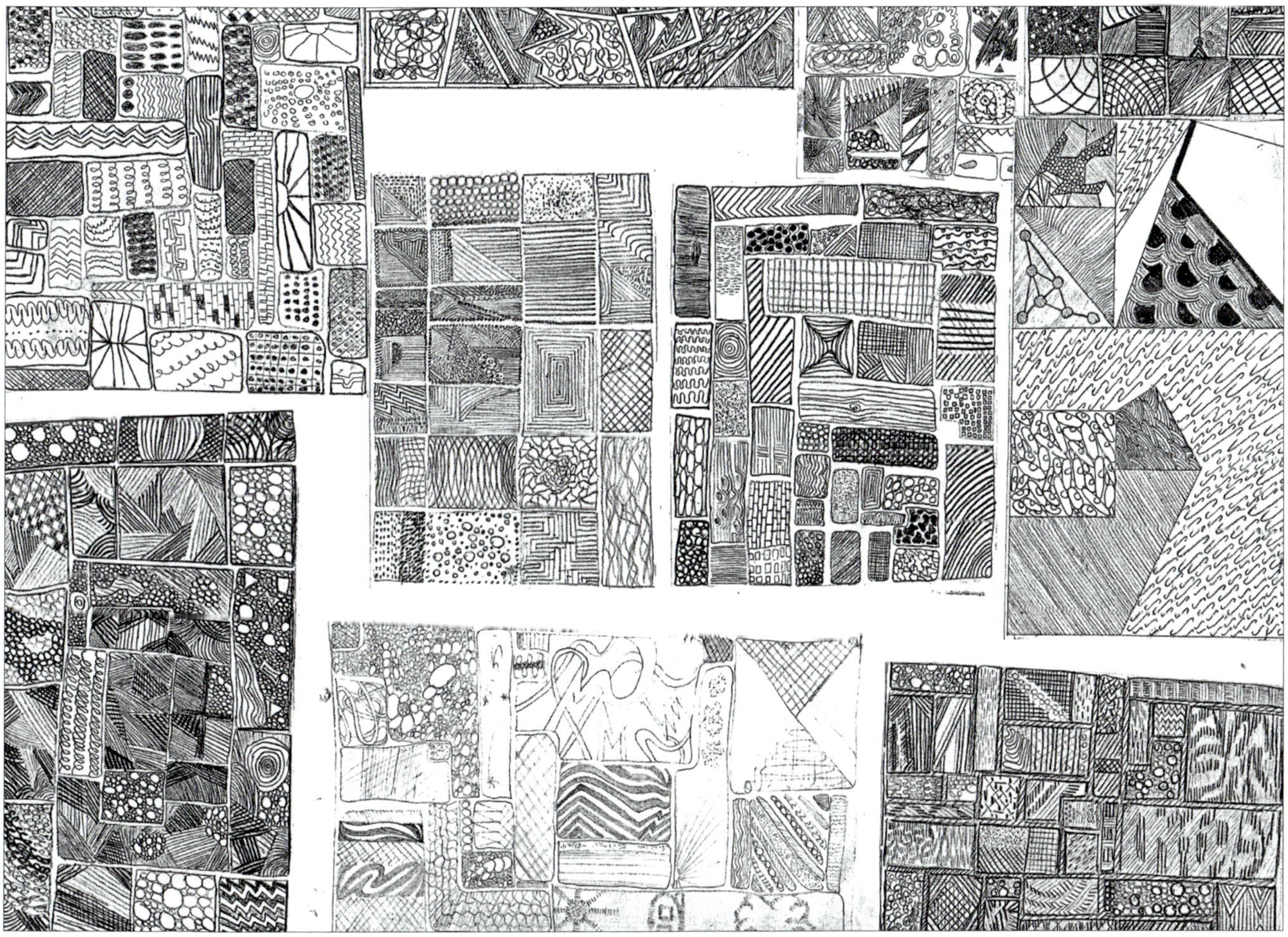

2.4 Beispiele

2.4.1 Thema: Fisch

Klasse: 5.–9.
Material: Papier im Postkartenformat DIN A6, Fineliner, Feder und Tusche
Dauer: eine Doppelstunde

Problemstellung: Abbilden mit Punkten, Erfassen einer Form
Streuung, Ballung, Verdichten, Grauabstufungen

Es geht darum, zu zeigen, dass mithilfe von Punkten Objekte gestaltet werden können. Der Punkt wird Mittel zur Gestaltung.
Das Thema ist diesmal von untergeordneter Bedeutung.
Über die Anatomie der Fische erschließt sich die Form. Trotzdem bekommen die Kinder die Freiheit entsprechende Formen gestalten zu können.

Einführung: Zunächst sollte man den Umriss mithilfe einer gepunkteten Linie erfassen. (Größenvorgabe, evtl. Postkartenformat)
Binnengestaltung geschieht dadurch, dass zunächst weitere gepunktete Linien eine Binnengliederung vornehmen. Eine Verdichtung durch Punkte lässt Flächen mit unterschiedlichen Grauwerten entstehen.

1. Schritt: Kontur

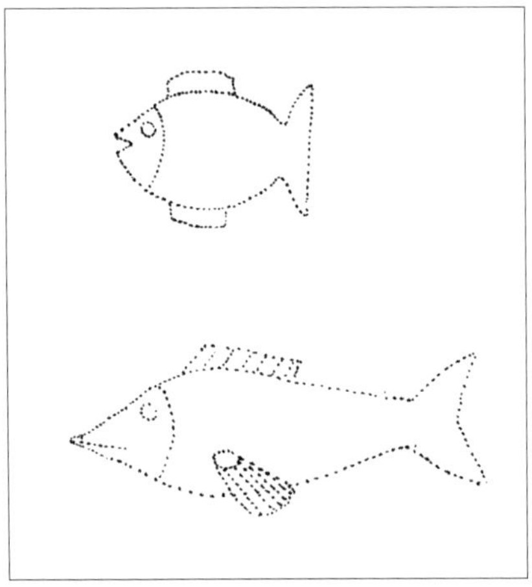

2. Schritt: Binnengliederung

3. Schritt: Ausgestaltung

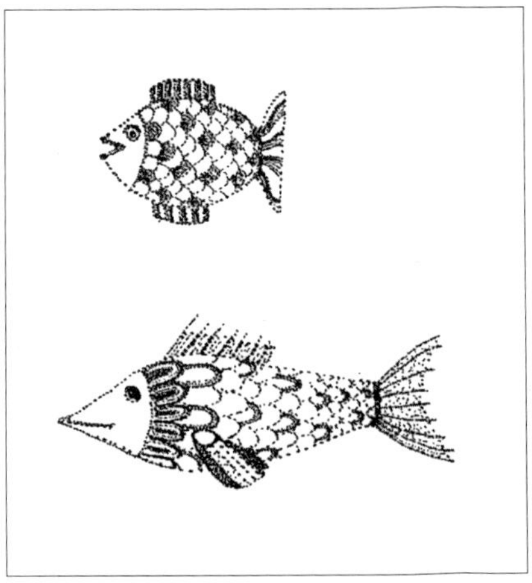

2.4.2 *Thema: Landschaft*

Klasse: 8./9.
Material: Papier im Postkartenformat DIN A6, Fineliner
Dauer: 2–3 Doppelstunden

Problemstellung: Der Punkt als kleinstes grafisches Element. Der Punkt als Teil eines Rasters – z. B. beim Druck – oder beim Pointillismus als eine Stilrichtung. Bei der Erstellung dieser Arbeiten ist ein hohes Maß an Ausdauer und Konzentration erforderlich.

Landschaft ist ein übergeordneter Begriff, den man genauer fassen kann. Das Motiv der Landschaft fordert den Einzelnen heraus persönlich Stellung zu nehmen. Es gibt die unterschiedlichsten Gründe bestimmte Landschaften oder Landschaften in bestimmter Art und Weise abzubilden. Eine persönliche Stimmung, der Charakter und die Atmosphäre einer Landschaft sind Anreiz für eine individuell geprägte bildnerische Wiedergabe.
Mit einer Kamera hält man nur den flüchtigen Augenblick fest. Durch die zeichnerische Abbildung kann man komplexeres Erleben vermitteln. Das Abzeichnen eines Fotomotivs erscheint deshalb eigentlich sinnlos. Trotzdem kann ein Postkartenmotiv oder ein eigenes Foto „Anschubhilfe" bei der Wiedergabe einer jedweden Landschaft sein.

Einführung: Zur Einführung des Themas werden die Ansichtskarten oder Fotos besprochen, die jeder Schüler mitbringen sollte. Als Motiv sollten diese Karten Landschaften bzw. Ausschnitte von Landschaften zeigen. Ideal wären Ausschnitte, die nicht zu detailliert sind.

Landschaftsmotive

Zur Technik: Bei Bildern, die in der Zeitung abgedruckt sind, ist bei entsprechender Vergrößerung ein Punktraster erkennbar. Dieses Punktraster ist technische Grundlage zur Erstellung eines eigenen Bildes. Dadurch wird deutlich, dass der Punkt Gestaltungsmittel für die Umsetzung, die Erstellung eines Motivs in ein Bild sein kann. Es sollte unbedingt darauf geachtet werden, dass aus dem Punkt kein „Komma“ wird.

1. Schritt: Das Motiv wird mit gepunkteten Linien auf das Zeichenblatt übertragen. Diese Vorgehensweise ist auch empfehlenswert, um ein freies Motiv abzubilden. Die gepunkteten Linien geben die Formen vor. Fehler können leicht ausgeglichen werden, da der einzelne Punkt in der Menge aller Punkte aufgeht und mit den ihn umgebenden Punkten verschmilzt.

2. Schritt: Dann fängt man an einer Stelle an (wie auf Seite 20 mit dem kleinen Rasenstück links im Bild gezeigt) und erweitert flächenhaft das zu gestaltende Thema. Durch Verdichten der Bildpunkte erzielt man die notwendigen Grauabstufungen.

Mit entsprechender Übung und der erforderlichen Hinwendung zum Bild ist es möglich, räumlich-plastische Wirkungen zu erzielen.

Bemerkenswerte Ergebnisse erreicht man auch bei der Verwendung von farbigen Finelinern.

2.4.3 *Thema: Dachlandschaft*

Klasse: 8./9.
Material: Feder und Tusche, Zeichenpapier in DIN A3
Dauer: 2 Doppelstunden

Problemstellung: Die Gestaltung eines Landschaftsmotivs, wie der Dachlandschaft, kann auch mit Schraffuren gelöst werden. Für dieses architektonische Motiv ist die Schraffur mit ihren Strichen und Strichlagen ein besonders geeignetes bildnerisches Mittel.

Einführung: Wer hat nicht schon einmal von oben auf Dächer schauen können? Dächer, Giebel, Fassaden oder Schornsteine staffeln sich in unterschiedlicher Form, Neigung oder Stellung zueinander. Durch größere Formteile im Vordergrund und kleinere im Hintergrund kann zusätzlich Raumtiefe sichtbar gemacht werden.

2.4.4 *Thema: Kreisflächen*

Klasse: 7.–9.

Material: Zeichenblock in DIN A3, Bleistift (oder Zeichenfeder und Tusche)
Das eigentliche Bildformat kann kleiner sein.

Dauer: 2 Doppelstunden

Problemstellung: ***1. Der Strich, die Schraffur***

Schraffuren lassen sich auf unzählige Arten anfertigen. Die Kombinationsmöglichkeiten von Strichstärke, Strichrichtung oder Schichtung sind nahezu unbegrenzt. Auch der Wechsel des Zeichengeräts verändert die Ausdruckskraft der Arbeit. Es ist daher empfehlenswert, die unterschiedlichen Schraffurarten erst mit einfacher Aufgabenstellung zu erproben.

2. Grauwerte

Unterschiedlich oft geschichtete Parallel- oder Kreuzschraffuren erzeugen eine Skala fein abgestufter Grauwerte.

Beispiele:

Parallelschraffur

Kreuzschraffur

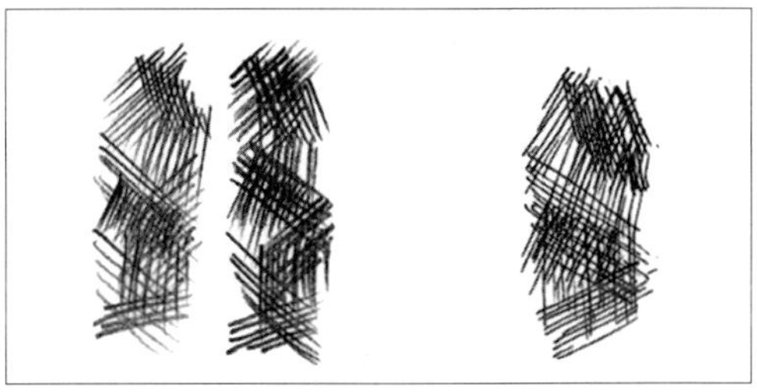

Grau umfasst eine breite Skala von Abstufungen. Alles, was zwischen Schwarz und Weiß liegt, wird als Grau bezeichnet. Reines Weiß, das das Licht vollständig reflektiert, kommt kaum vor. Schnee reflektiert Licht zu 80 %, weißes Papier zwischen 50 und 80 %. Reflexionen über 60 % werden oft als Weiß bezeichnet.

Einführung: Es bedarf keiner langen Einführung. Die erste Aufgabe besteht darin, einen Kreis mithilfe von sternförmig angelegten Parallelschraffuren zu gestalten.

1. Schritt

2. Schritt
Dieser Vorgang wird mehrfach wiederholt. Die Kreisformen sollten nicht zu weit auseinanderliegen. Dadurch kommt es zu Überschneidungen der Schraffuren.

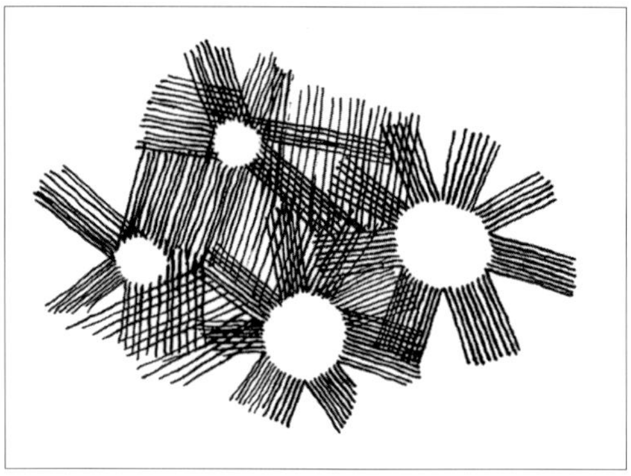

3. Schritt

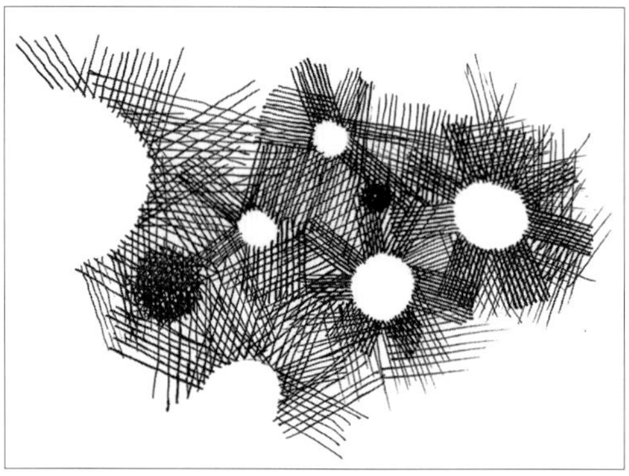

4. Schritt
Es schließen sich immer neue Formen an. So wie es möglich ist, Kreise durch die sie umgebende Schraffurfläche zu gestalten, kann man auch Kreise durch Binnenschraffur erzeugen.

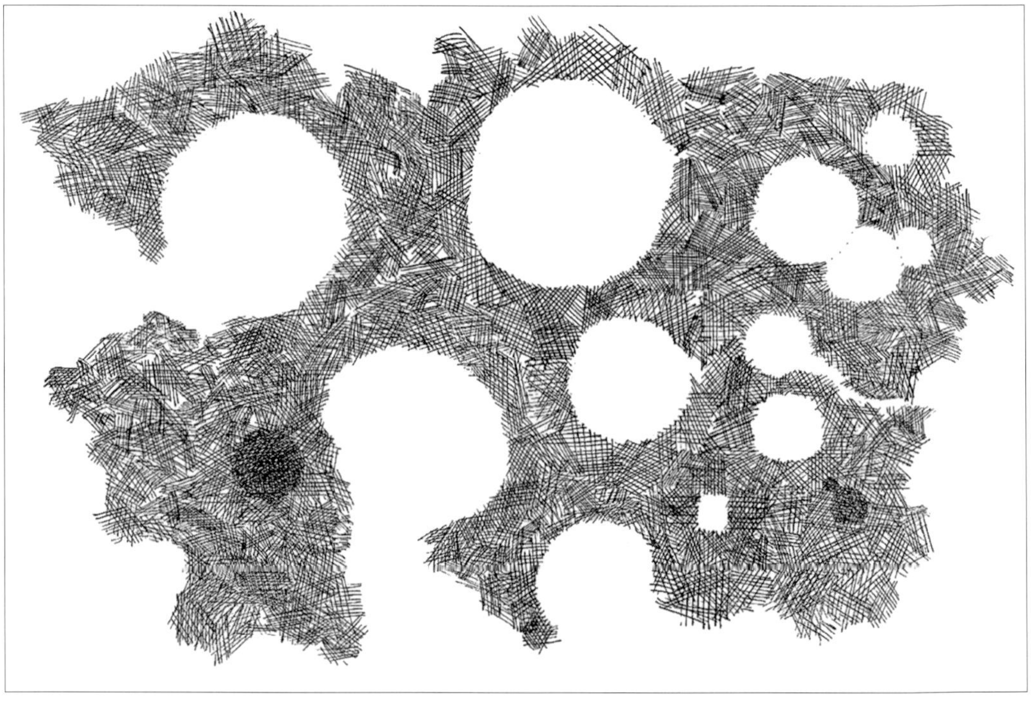

Variationen zum Thema

2.4.5 Thema: Gestaltung von Flächen

Klasse: 8.–9.

Material: Zeichenblock in DIN A3, Zeichenfeder, Fineliner
Das eigentliche Bildformat ist kleiner

Dauer: 2–3 Doppelstunden

Problemstellung: Die Arbeit fördert Kreativität und weckt das Verständnis zu sogenannter abstrakter Kunst. Linien und Formen müssen auch bei der gegenstandslosen Gliederung einer Fläche mit entsprechenden Überlegungen abgewogen und bewusst in den bildnerischen Gesamtzusammenhang gebracht werden.

Eine leere, nur durch das Format vorgegebene Fläche oder Form soll durch Linien, Schraffuren, Strukturen oder Texturen so gegliedert werden, dass eine bedeutungsgemäße, zeichenhafte Wirkung entsteht.
Das zu gestaltende Format erhält Spannung und Kontraste. Dies könnte sich durch die Linie (dick – dünn, lang – kurz, mit unterschiedlichen Abständen) oder durch Grauwerte (Schraffurschichten und -variationen, Streuung und Ballung) zeigen.
Grafische Strukturen werden nur dem gelingen, der sich Zeit nimmt, geduldig und exakt zu arbeiten. Dies stellt sicher eine große Herausforderung an die Ausdauer der Schüler dar.

Einführung: Die Schüler sollen Formgebilde mit eigenem Ausdruck schaffen. Durch Umrisslinien werden erst die zu gestaltende Form und deren Unterteilung gezeichnet (dies kann auch eine Konstruktion mit Zirkel und Lineal sein).

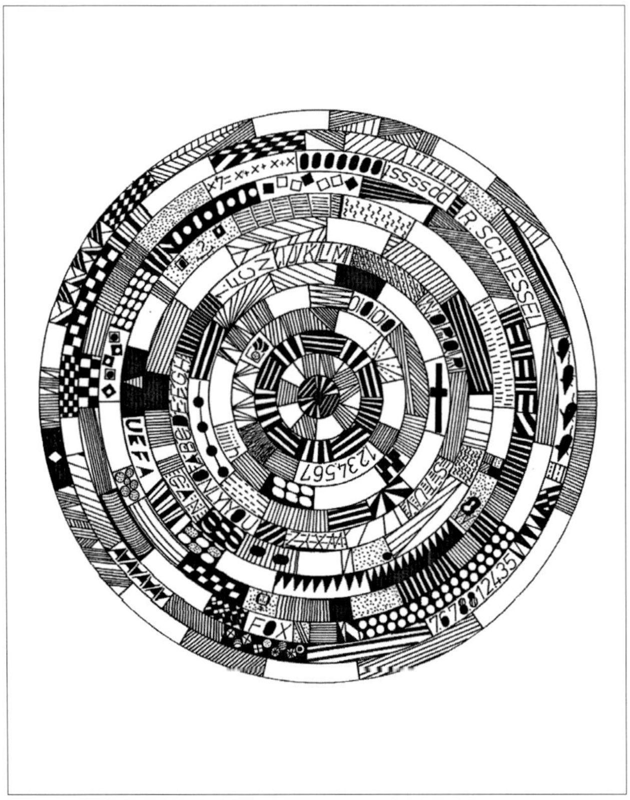

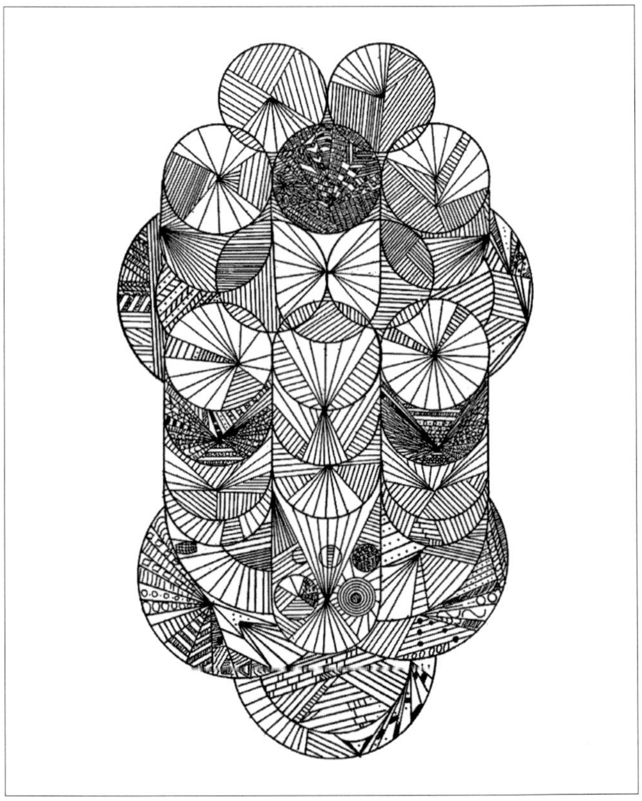

2.4.6 *Thema: Bilddiktat*

Klasse:	7.–9.
Material:	Quadrat-Format 15 x 15 cm vorgeben, Fineliner, Feder und Tusche Das eigentliche Bildformat ist kleiner.
Dauer:	1–2 Doppelstunden
Problemstellung:	Gestaltung eines vorgegebenen Formats, das nach diktierter Anweisung individuell aufgeteilt werden muss. Die einzelnen Teilflächen sollten möglichst unterschiedlich in Schraffur und Grauabstufungen gefüllt werden.
Einführung:	Die vorbereitete oder vorgegebene Quadratform soll nach der vom Lehrer diktierten Anweisung von jedem Schüler unterteilt werden.

Beispiel für ein Diktat:

1. Teile mit Bleistift das vorgegebene Quadrat (von einer Seite zur anderen) so durch eine waagerechte Linie, dass der obere Teil größer als der untere ist (Begriff „waagerecht“ klären).
2. Teile das obere Feld durch vier senkrechte Linien (Begriff „senkrecht“ klären).
3. Setze den Stift auf einen der Schnittpunkte (= überall dort, wo eine Linie auf eine andere trifft oder sie schneidet) und ziehe durch das untere Feld eine Senkrechte.
4. Suche dir einen anderen Schnittpunkt und ziehe davon aus eine Schräge durchs untere Feld.
5. Suche dir jetzt im oberen Bereich das größte entstandene Feld und teile es durch drei waagerechte Linien.
6. Ziehe von einem jetzt entstandenen Schnittpunkt aus eine waagerechte Linie durch das Nachbarfeld; von einem anderen Schnittpunkt aus eine Schräge.
7. Zurück zum unteren Bereich. Teile das größte Feld durch drei Waagerechte.
8. Suche dir oben das schmalste der langen Felder aus und teile es drei Mal, egal ob waagerecht oder schräg.
9. (Begriffe: „Strecke“, Bogen über Strecke, Bogen auf Strecke klären.) Suche dir irgendeine Strecke und ziehe darüber einen Bogen (egal ob hoch oder flach). Zeichne zwei weitere Bogen über Strecken.
10. Prüfe, ob irgendwo durch Zufall ein Quadrat entstanden ist. Wenn nicht, diktiere dir selbst die nötigen Schritte; wir brauchen drei Quadrate.
11. (Beziehung Quadrat und Kreis klären.) Zeichne in jedes Quadrat einen Kreis, der die Seiten berührt.
12. Betrachte deine Arbeit! Ist sie langweilig oder interessant?
13. (Begriff „Spannung“ klären! Spannung entsteht durch Gegensätze wie: groß – klein, viel – wenig, eckig – rund, ruhig – aufgeteilt, hell – dunkel, ...).
14. Du hast jetzt eine Minute Zeit, um dir selbst noch einige vielleicht nötige Schritte zu diktieren.

Diese letzte Anweisung lässt noch einmal Konzentration und Ruhe einkehren. Man kann sie je nach beabsichtigtem Zweck auch größer anlegen.

Die Flächen sollen als Grundlage genommen werden für Übungen wie:

- Strukturen (Bleistift, Zeichenfeder, Fineliner)
- Schraffuren (Bleistift, Zeichenfeder, Fineliner)
- Erkunden des Zeichenwerkzeugs (Strich, Schattierungen, Tonwerte)
- Auch eine farbige Ausgestaltung ist möglich, genauso wie die Verwendung von Schrift

Dadurch, dass alle Schüler ein vom Lehrer vorgegebenes Quadrat mit den gleichen Maßen haben, ist es möglich, aus der Summe aller Arbeiten **eine** Gemeinschaftsarbeit zusammenzustellen.

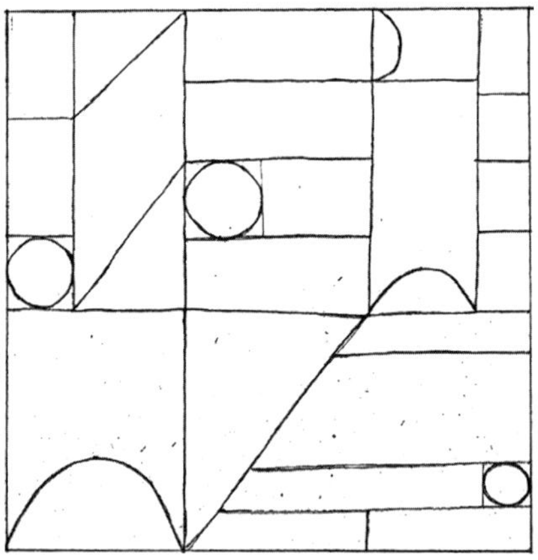

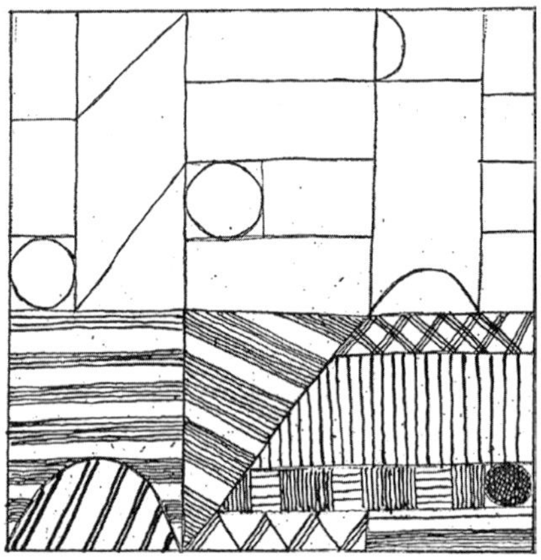

Gemeinschaftsarbeit:

Im unten abgebildeten Beispiel ist ein Quadrat einmal gedreht und angefügt. Durch eine größere Anzahl von Schülerarbeiten entsteht ein beeindruckendes Werk.

2.4.7 *Thema: Albrecht Dürer – Rhinozeros*

Klasse: 7.–9.
Material: Zeichenblock in DIN A4/A3, Feder und Tusche, schwarzer Fineliner
Dauer: 2 Doppelstunden

Problemstellung: Dürer hat das Rhinozeros nie selbst gesehen, sondern nach Schilderungen nachgezeichnet, später gedruckt.
Es besteht die Möglichkeit, diese Schilderung zu diktieren, um so, ähnlich wie Dürer, das Tier „nachzuempfinden“ und abzubilden. Hier wird die Phantasie stark angeregt und lässt dadurch einen breiteren Gestaltungsraum bei der Tierform zu.

Einführung: Ausgangspunkt ist eine Kunstbetrachtungsstunde zu Dürer in einer gesonderten Unterrichtseinheit. Hier wird dann zum Motiv geführt. Dabei erfährt der Schüler, wie es zu dieser Abbildung, einmal als Zeichnung und einmal als Holzschnitt, gekommen ist.

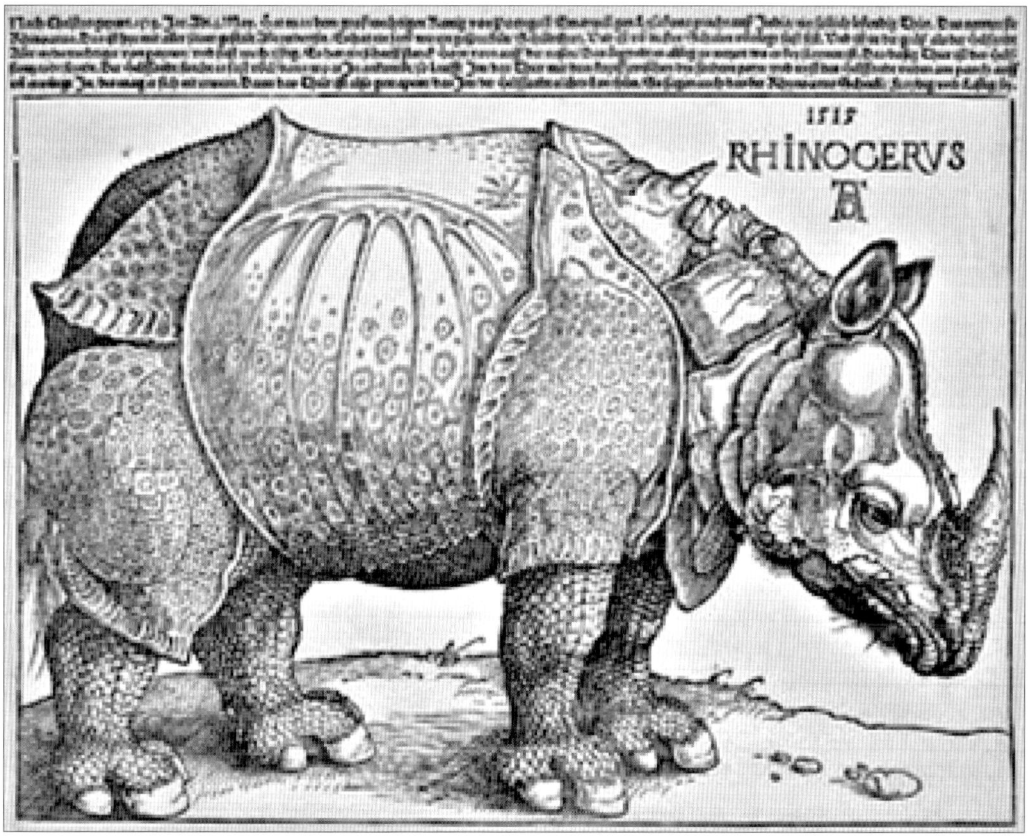

1. Schritt: Zuerst werden die Umrisslinien angelegt.

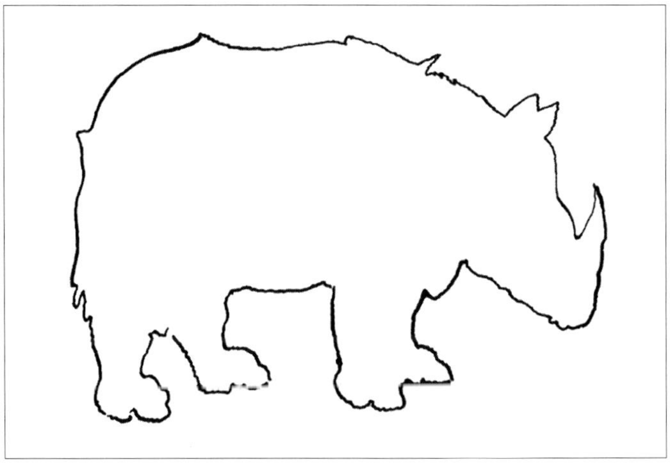

2. Schritt: Dann wird die Umrissform mit Formlinien unterteilt.

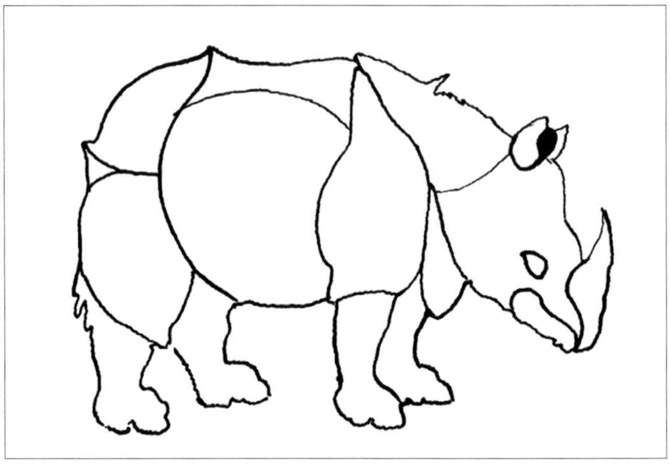

3. Schritt: Diese Binnengliederung sollen die Schüler dann mit unterschiedlichen Schraffuren, Mustern und Ornamenten ausgestalten.

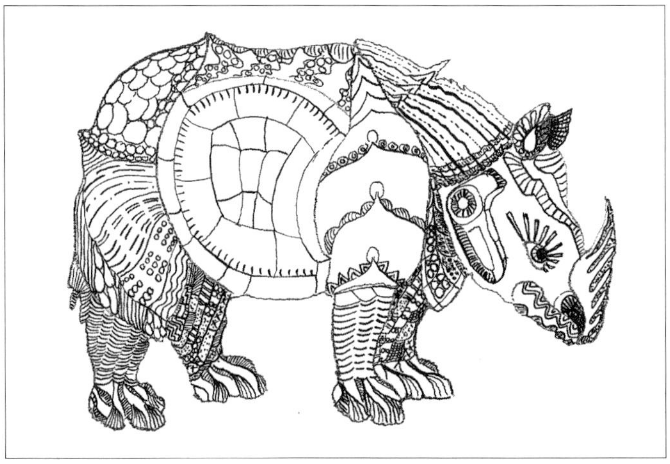

Themenvariationen: Andere Tiere wie Echsen, Saurier oder Pflanzen
(Diese Themen sind auch ohne vorherige Kunstbetrachtung ab der 5. Klasse möglich.)

2.4.8 Thema: Verwindungen

Klasse: 6.–9.
Material: Zeichenblock in DIN A4/A3, Feder und Tusche, schwarzer Fineliner
Dauer: 1–2 Doppelstunden

Problemstellung: Die Linie mit ihren Ausdrucksmöglichkeiten. Überschneidungen, oben und unten, vorne und hinten.

Einführung: Es empfiehlt sich, einen Linienplan zu erstellen. Das heißt, auf einem Nebenblatt werden sich überschneidende Linien gezeichnet. An den Stellen, wo sie sich überschneiden, muss eine Entscheidung getroffen werden. Welche Linie ist oben, welche unten. Das fortlaufende Linienband muss Aussparungen erhalten, bei denen das Band „oben laufend" gekreuzt werden kann.
Bei Schülern in entsprechendem Alter kann sofort auf dem Zeichenblatt unter Beachtung des „oberen Vorrechts" eines Linienbündels begonnen werden.

Linienplan:

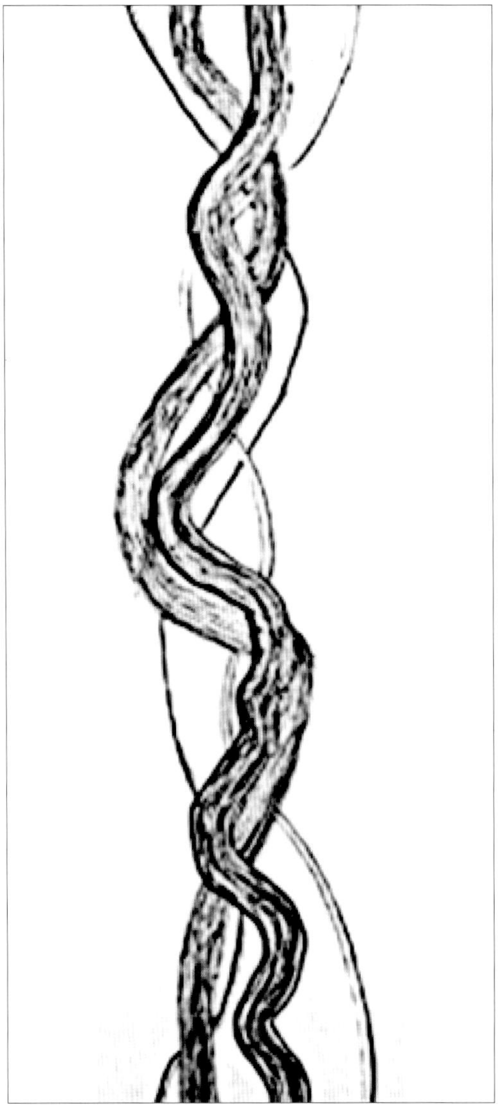

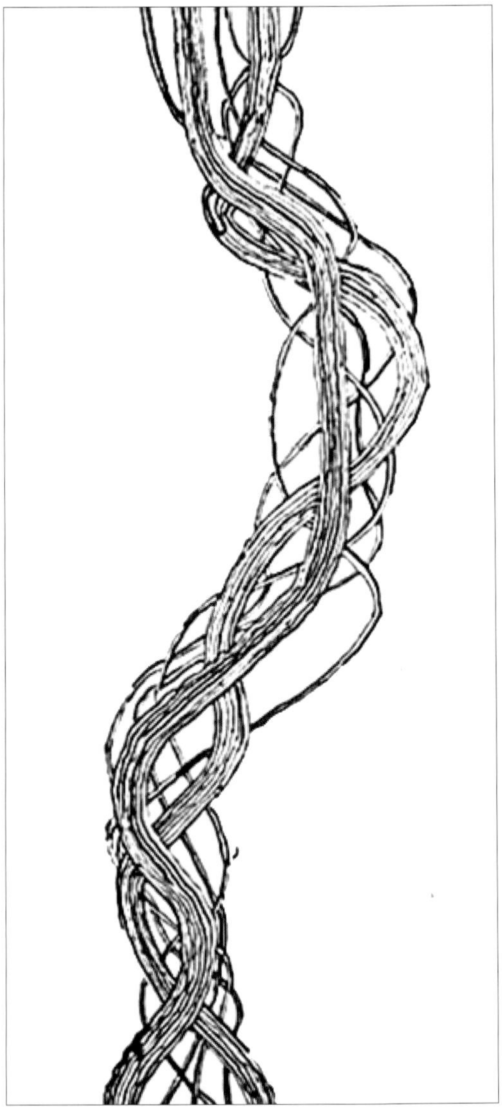

Weitere Beispiele:

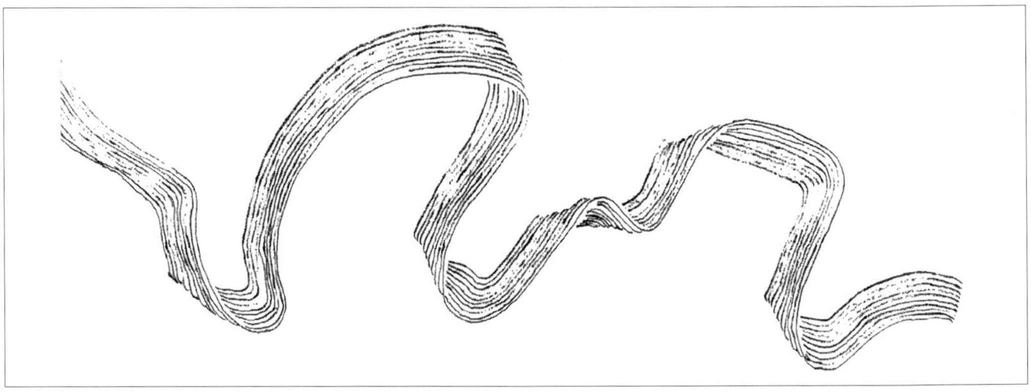

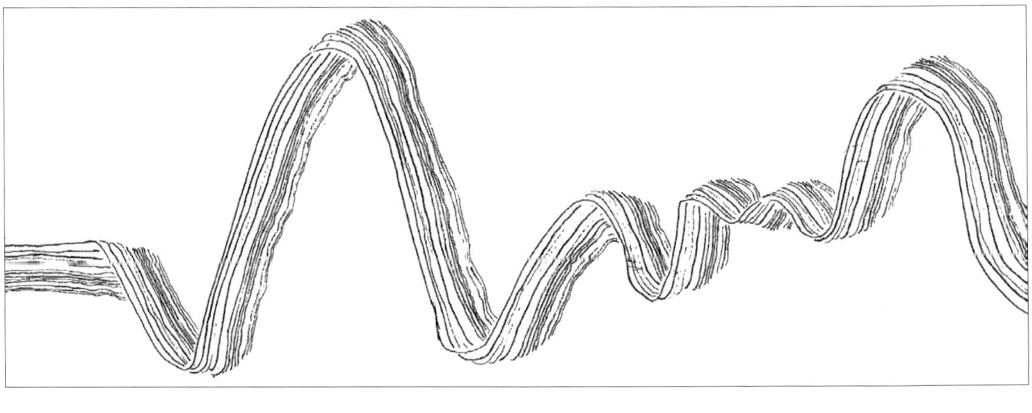

2.4.9 Thema: Knäuel

Klasse: 7.–9.
Material: Zeichenblock in DIN A4/A3, Feder und Tusche
Dauer: 1–2 Doppelstunden

Problemstellung: Ähnlich wie beim vorhergehenden Thema muss hier das Problem von oben und unten, vorn und hinten gelöst werden. Das heißt, auf ein Nebenblatt werden sich überschneidende Linien gezeichnet.
Wir sehen mit unseren Augen die Welt räumlich. Die Zeichenfläche aber ist flächig. Deshalb sollten die Mittel herausgearbeitet werden, die Räumlichkeit erzeugen. Dies sind:

- Überschneidungen
- Verschiebung der Ebenen, Vorder-, Mittel-, Hintergrund
- Verkleinerung, Hinteres wird kleiner
- Schatten
- Fluchtlinien

Einführung: Um eine Vorstellung von einem Knäuel zu schaffen, kann man Bilder zeigen, die unterschiedlichste Möglichkeiten von Knäuel wiedergeben. Eine andere Möglichkeit wäre, Schnüre oder Taue selbst so zu verknoten, dass daraus Knäuel entstehen.

Ein Linienbündel, bestehend aus vier Linien verwindet sich auf dem Zeichengrund.

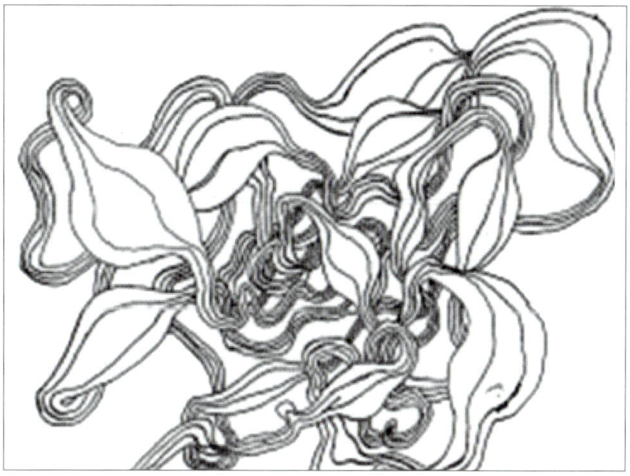

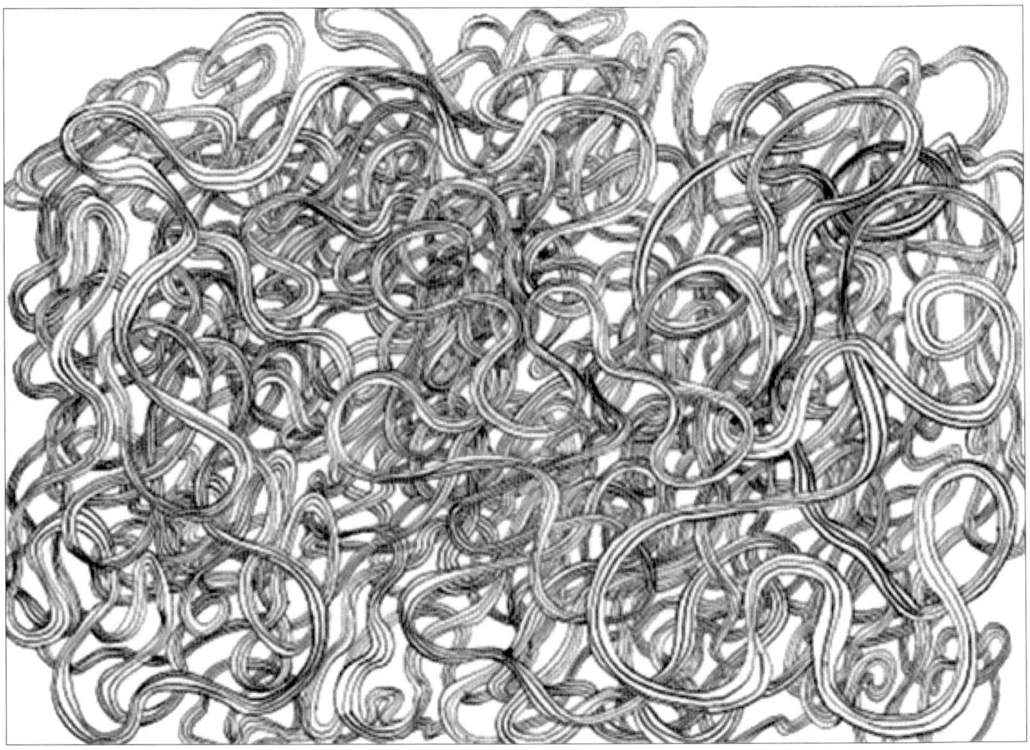

Variationen der Thematik:

Schlangen
5./6. Klasse

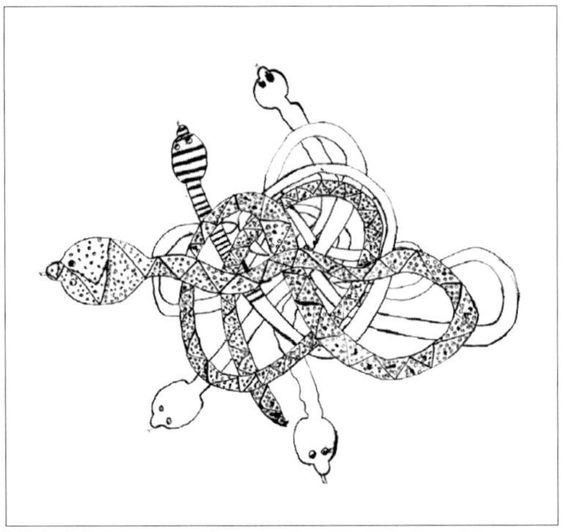

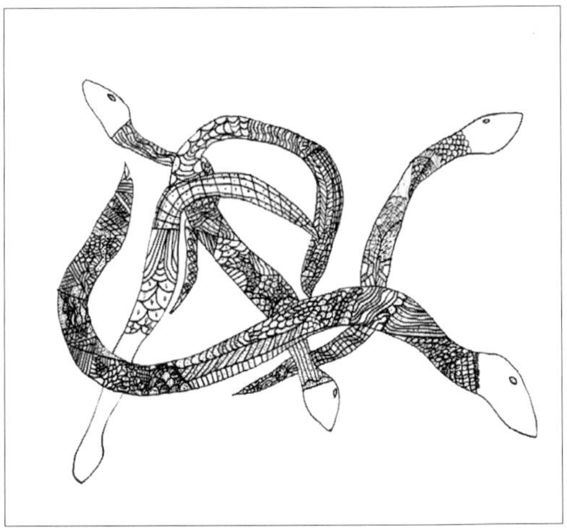

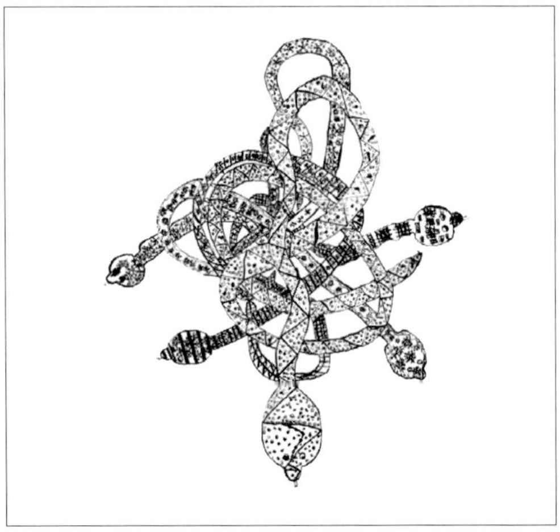

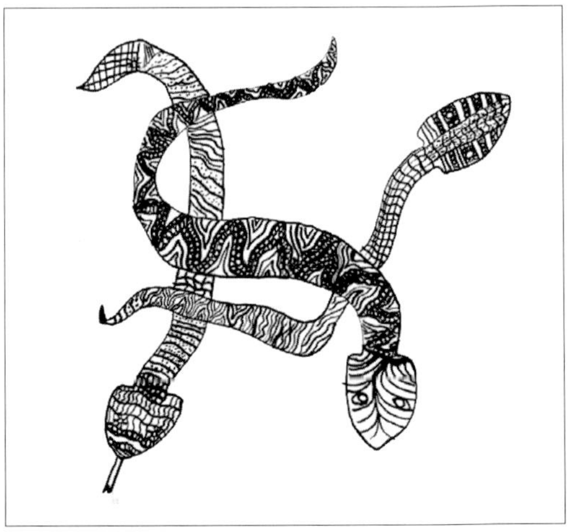

2.4.10 Thema: Moschee

Klasse: 6.–9.
Material: Zeichenblock in DIN A4/A3, Feder und Tusche, Fineliner
Dauer: 2–3 Doppelstunden (je nach Dauer der Vorbesprechung)

Problemstellung: Die Schraffurlinie, Parallelschraffur

Eine Moschee ist das Gotteshaus der Moslems. Das Interesse für fremdländische Kulturen, Bräuche oder auch Architektur soll geweckt werden. Die Bildlosigkeit des Islam fördert die Entfaltung von Ornamenten. Moscheen sind vielfältig gegliederte Gebäudekomplexe. Neben dem Beetsaal werden manchmal Schulen, Bibliotheken oder auch Mausoleen usw. errichtet.

Die Bauformen sind kubische Blöcke mit Kuppel, an die Minarette, Galerien, Arkaden oder Säulen angebaut sind. Mosaike, Intarsien und Stuckwerke dienen der dekorativen Ausschmückung von Wänden, Kuppeln oder Maueröffnungen.

Das Thema eignet sich gut als Arbeitsgrundlage, da in unserer heutigen Zeit die Berührung mit dem Islam und seiner Kunst nicht nur im Geschichts- oder Erdkundeunterricht stattfindet.

Einführung: Analyse der Architekturformen. Kuppel- und Fensterformen, Torbogen, Minarette auf Fotos oder im Film zeigen und erarbeiten lassen.

Formen: **Kuppeln**

Flachk.

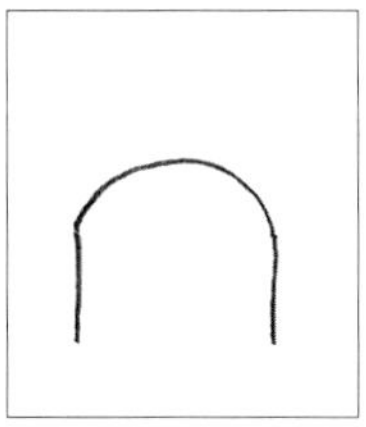

Rundk.

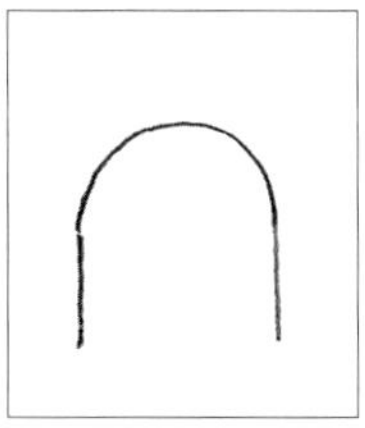

Spitzk.

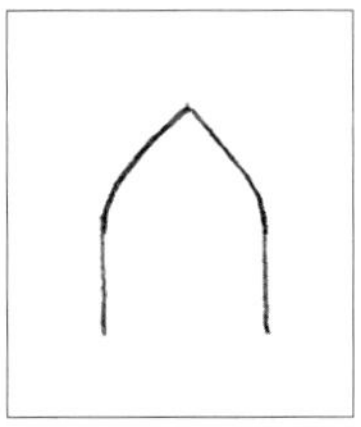

Ausladend

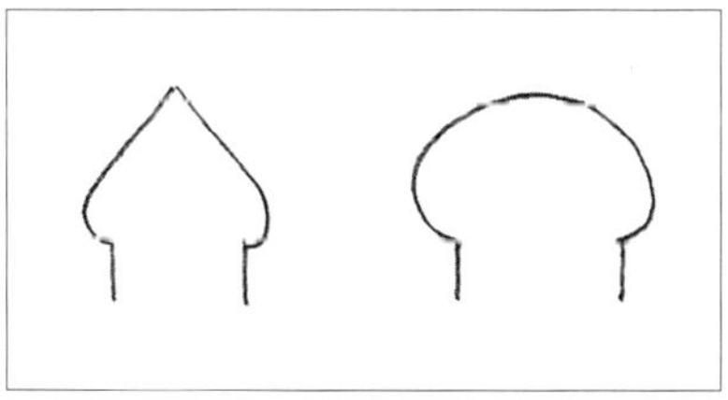

Bogen

Kielb.

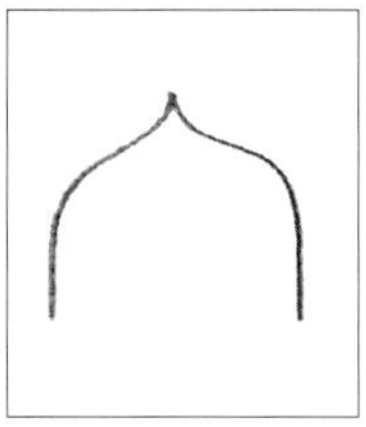

Zackenb.

Vorhangb.

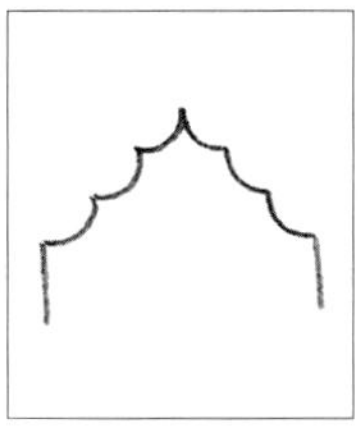

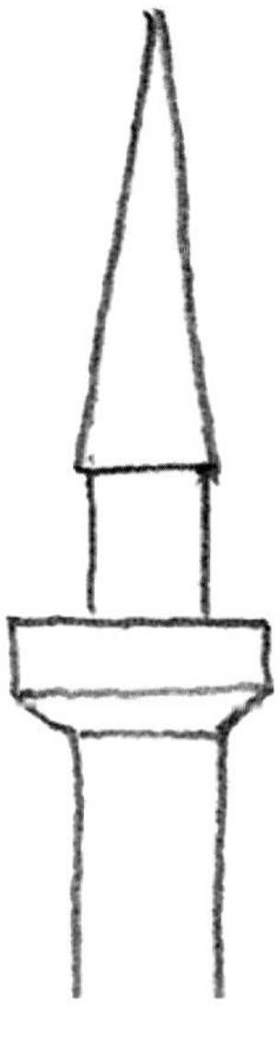

Gliederung der Bildfläche durch verschieden große kubische Formen (Umrisslinien), die sich teilweise überlagern. Auf und in diese Formen werden Kuppel- und Bogenformen gezeichnet.

Variationen der Thematik:

Alte Stadt
Was macht eine alte Stadt aus? (Vergleiche alt und modern.)
Eine mittelalterliche Stadt mit Mauern, Türmen, Toren, Torbögen, steilen Giebeldächern mit Erkern, Gauben und Zinnen. (Vorbilder dafür lassen sich vielleicht schon in der näheren Umgebung finden.)

Variationen ohne Thema:

2.4.11 *Thema: Baum*

Klasse: 8.–9.

Material: Zeichenblock in DIN A3, Bildformat kann kleiner sein, Bleistift, Feder und Tusche

Dauer: 2 Doppelstunden

Problemstellung: Lineare Darstellung. Der Baum und seine besonderen Merkmale oder Formen.

Einführung: Der Baum und seine Erscheinungsformen und Abbildungen. Der Baum und seine Darstellung in der Entwicklung der Schüler.

Geschichtlich gesehen gibt es viele Quellen, die von der Bedeutung des Baums für den Menschen berichten. Die Eiche des Thingplatzes, die Dorflinde, der Weihnachtsbaum, der Kirmes- oder der Maibaum. Der Baum wird besungen, genauso wie der Wald. Der Wald ist auch eines der Grundelemente menschlicher Naturerlebnisse.

Entlaubt ist der Baum ein Gerüst, das ihn in Stärke, Größe, Form und Aufteilung bestimmt. Belaubt mit der Vielfalt an Ästen und Blättern schimmert das Gerippe nur noch stellenweise durch.

Der Baum könnte das ganze Jahr über Thema sein, mit dem sich viele grafische Probleme erarbeiten und lösen lassen.

Zum Beispiel:

Formelemente: gerichtet
vertikal – horizontal
eckig – rund
kreisförmig
flächig

Proportion: Stamm – Krone
Stamm – Äste

Verlauf und organischer Übergang

Strukturelemente: Blattformen oder Nadeln
Rindenstruktur

Darstellungsformen: schraffiert
flächig
plastisch
ornamental
Linear dargestellt heißt es, die Architektur des Baumes beachten; Blattwerk ist vor, neben, hinter oder über dem Stamm.

2.4.12 *Thema: Baumscheibe*

Klasse: 8.–9.
Material: Zeichenblock in DIN A3, Feder und Tusche
Dauer: 2 Doppelstunden

Problemstellung: Parallel und kreisförmig verlaufende Linien, die unterschiedlich dicht und mit verschiedener Stärke zusammenliegen, ähnlich wie bei den Jahresringen eines Baumes.

Einführung: Was sind Jahresringe und wie kann man sie sichtbar machen? Beim Fällen eines Baumes oder beim Zersägen werden an den Schnittstellen die Jahresringe sichtbar. Dadurch, dass die Ringe unterschiedliche Abstände voneinander haben und verschieden dick sind, entstehen Grauabstufungen. Die dunklere Rinde mit ihrer rauen Struktur umschließt die Baumscheibe.

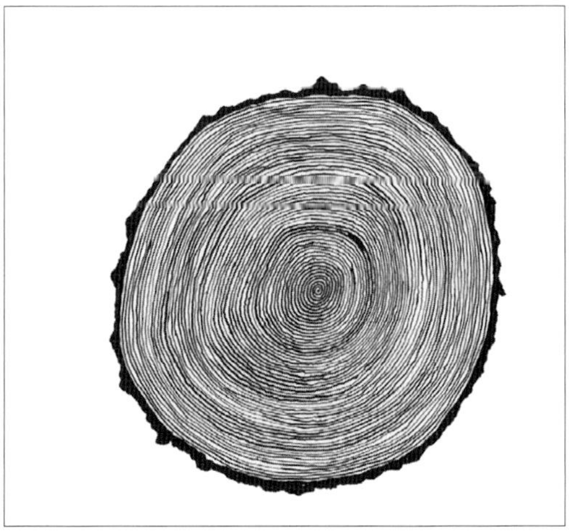
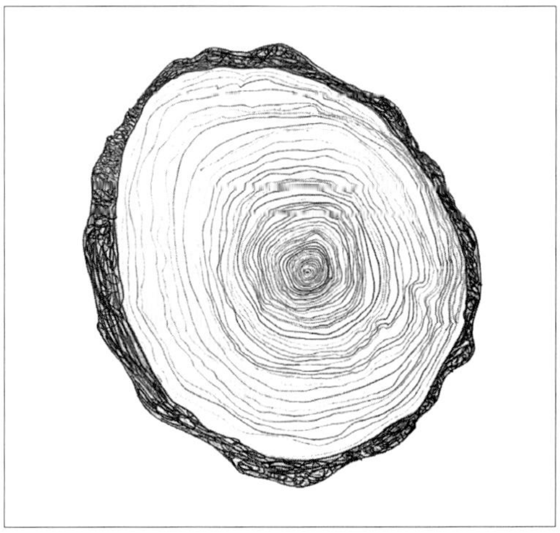

2.4.13 *Thema: Labyrinth/Irrgarten*

Klasse: 8.–9.
Material: Bleistift, Filzstift, Feder und Tusche
Dauer: eine Doppelstunde

Problemstellung: Etwas Verwirrendes soll geplant werden. Ein einziger, verschlungener Weg führt hinein und heraus.

Einführung: In einem Labyrinth kann man sich nicht verlaufen wie in einem Irrgarten, weil der Weg keine Abzweigungen und Kreuzungen hat, sondern auf gewundene Weise zum Mittelpunkt führt. Der Weg ist verschlungen und lang, wechselt ständig die Richtung, führt oft am Ziel vorbei, lenkt aber sicher in die Mitte und wieder heraus.
Ein Labyrinth kann aber auch eine weitläufige Anlage mit einer Vielzahl von Gängen sein. Die Bezeichnung geht auf das bekannte Labyrinth im Königspalast von Knossos zurück.
In bildlichen Darstellungen auf antiken Münzen und Vasen erscheinen Labyrinthe in quadratischen, kreuzförmigen runden Grundrissen.

In einem Irrgarten muss der Weg zum Zentrum durch viele Abzweigungen hindurch gefunden werden.

1. Schritt: Von einem Kreuz ausgehend bilden sich Gänge, die von links nach rechts und von rechts nach links wandern. Der Linienabstand sollte gleich bleiben.

2. Schritt: Dadurch wächst ein rundliches Gebilde.

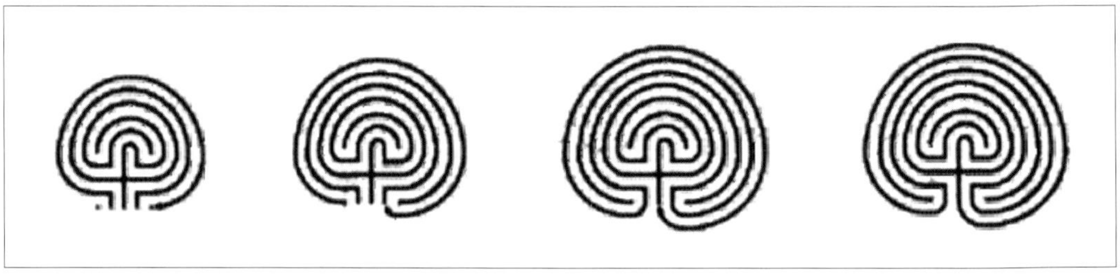

Beispiele und Variationen:

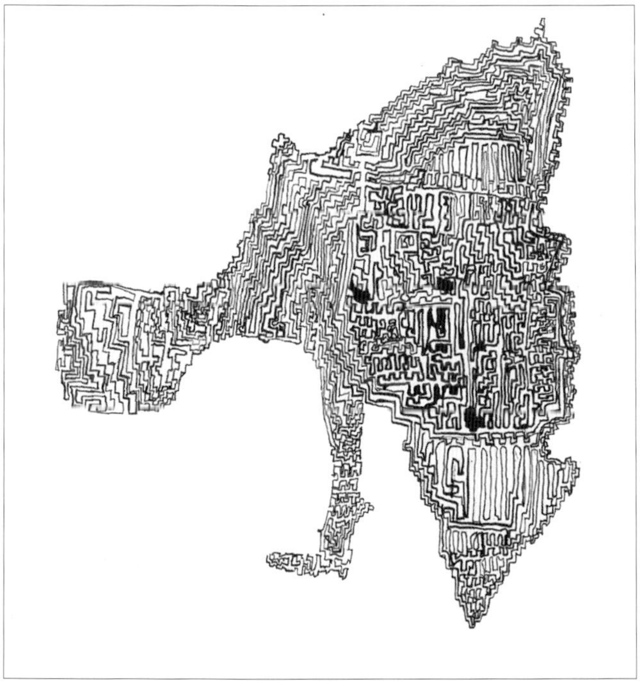

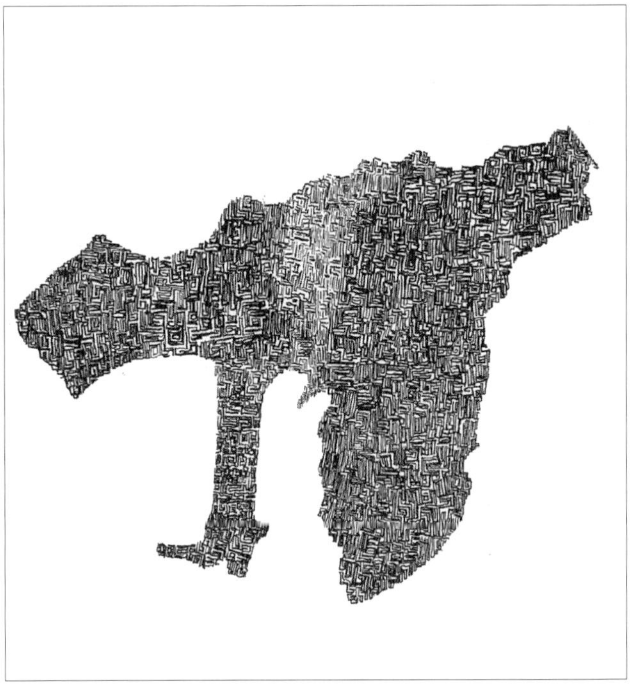

2.4.14 *Thema: Sachzeichnen*

Klasse: 7.–9.
Material: weiche Bleistifte
Dauer: je eine Doppelstunde

Problemstellung: Gestaltklärendes Sachzeichnen heißt Klärung von Formvorstellungen, um das Ausdrucksgestalten zu entwickeln und zu pflegen.

Dürer befand: „Gehe nicht ab von der Natur nach deinem Gutdünken, dass du wollest meinen, es besser aus dir selbst zu wissen. Denn wahrhaftig steckt die Kunst in der Natur, und wer sie heraus kann reißen, der hat sie."

Der Begriff „Kunst" ließe sich durch Gestalten ersetzen.

Gestalten heißt die in den Dingen liegenden Formzüge, ihre Struktur und Ordnung bewusst aufzunehmen und sichtbar zu machen. Wer sieht, wirklich sieht, kann begreifen und beschreiben. Wer beschreibt, kann wiedergeben. Wiedergeben auch mit den Mitteln des Zeichnens.

Einführung: Folgendes gilt es zu beachten:

1. Darstellung des Gegenstandes. Das Wesentliche wie Einzelteile und deren Funktion sind zu erarbeiten.
2. Die Struktur, der innere Aufbau, muss festgehalten werden.
3. Durch Licht und Schatten wird eine räumlich-plastische Wirkung erzielt. Die Schüler sollen ermutigt werden, dies deutlich zu machen, indem sie mithilfe von weichen Bleistiften besonders den Schatten betonen. Lichtbeschienene Stellen oder Lichtreflexe können durch weiße Farbstifte überhöht werden. Die Spanne zwischen dem fast absoluten Dunkel der Vertiefungen und den vom Licht erhellten Stellen verstärkt die Räumlichkeit.

Beispiele:

Prothea

Lilie

Maiskolben

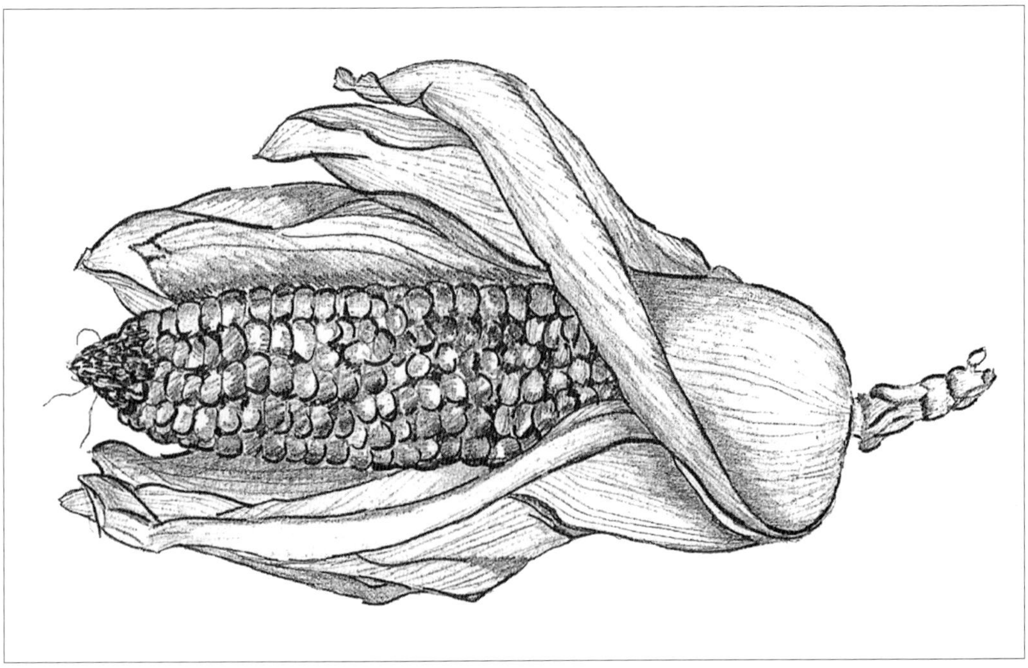

Kürbisse

Hammer, Zange, Schere

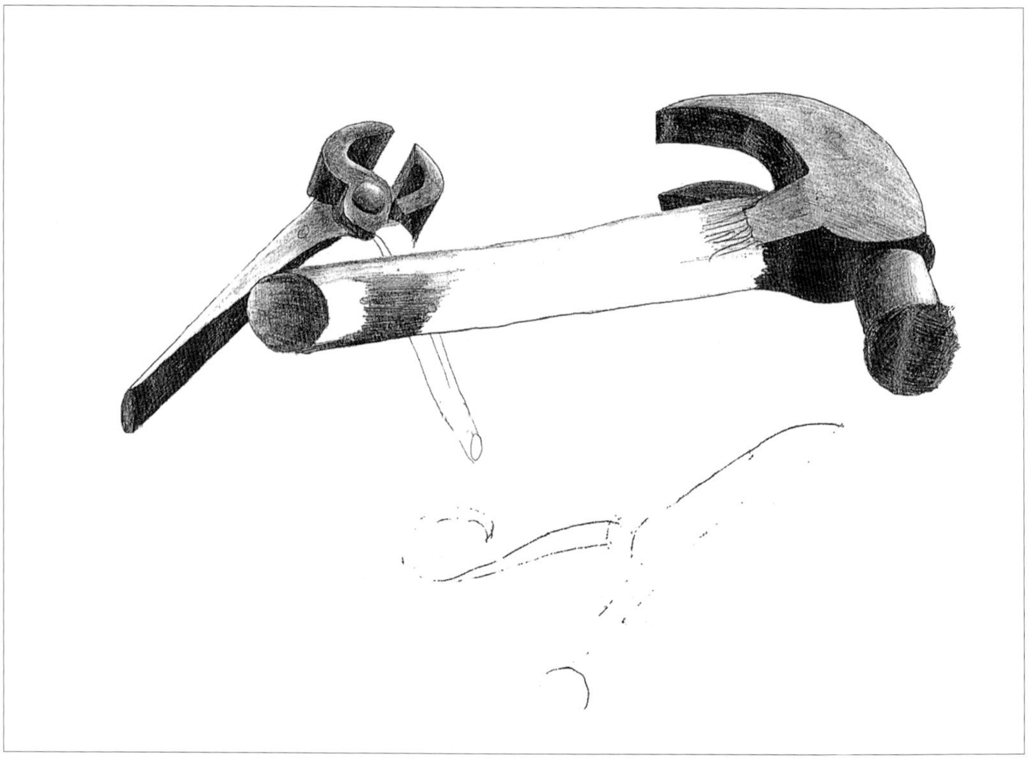

Korkenzieher

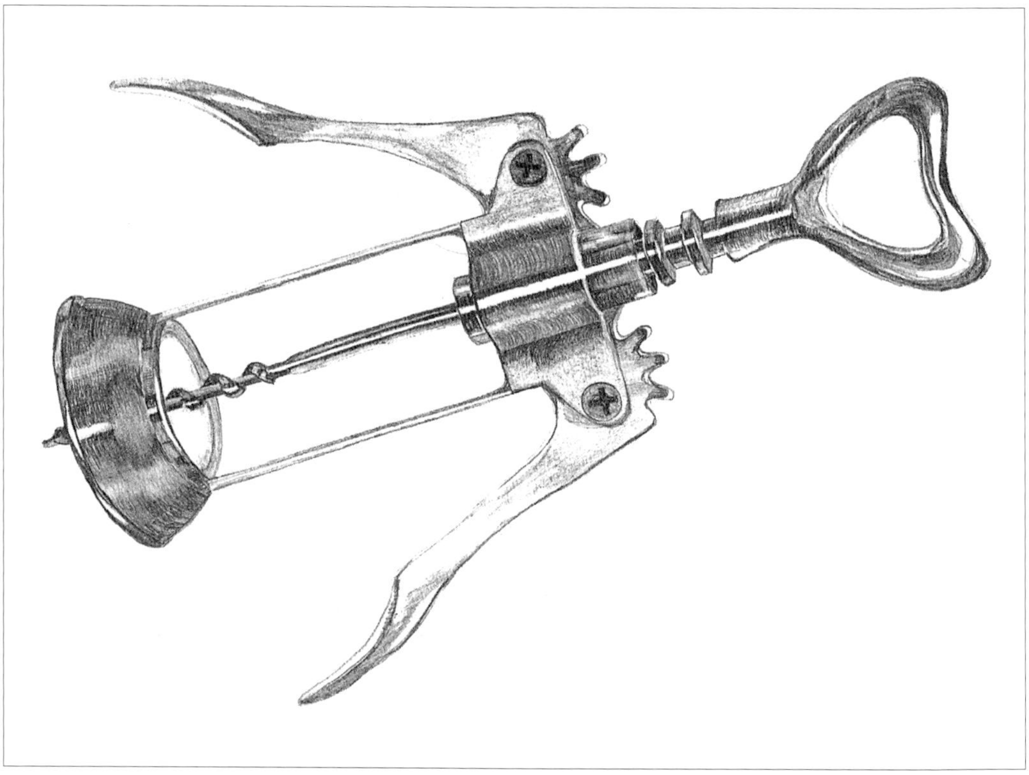

3 Bereich Zwischentechnik

3.1 Spritzdruck

Benötigt werden saugendes Zeichenpapier, ein Spritzsieb, alte Zahnbürsten und ein Deckfarbkasten.
Spritzdruck ist eine Variation des Papierdrucks. Druck deshalb, weil man den „Druckstock“, die Schablonen, öfter verwenden kann.
Zunächst wird der Farbstoff auf die Bürsten aufgetragen, die dann über ein Sieb gerieben werden. Dadurch verteilt sich die jeweilige Farbe auf der Unterlage. Das Zerstäuben der Farben kann auch mit dem Fixativröhrchen gemacht werden. Als Farbstoff eignen sich alle wasserlöslichen Farben in entsprechender Verdünnung. Farbe, die frei aus der Hand aufgespritzt wird, ermöglicht verlaufende Übergänge. Dadurch lassen sich besonders bei Rundungen plastische Wirkungen erzielen. Mithilfe von Schablonen lassen sich eng begrenzte thematische Lösungen ebenso wie komplexe Vorstellungen aus der altersabhängigen Phantasie in die Bildsprache umsetzen.
Als Varianten können die flüssigen Farben auch mit dem Fixativröhrchen aufgebracht werden, was aber sehr viel Puste verlangt, oder man verwendet Spraylack aus Dosen, wie es vom Graffiti her bekannt ist.

3.2 Bürsten-Farbsprüh-Technik

Hierfür benötigt man ebenfalls saugendes Zeichenpapier. Dazu mindestens drei Zahnbürsten. Ideal sind Bürsten mit einer gleichmäßigen Borstenanordnung. Je mehr Bürsten zum Einsatz kommen können, desto besser ist es, da die Bürsten immer für die gleiche Farbe verwendet werden können. Bei einem Wechsel der Farbe auf der Bürste müsste diese erst mit Wasser gereinigt werden. Dies bringt aber zu viel Wasser in die Bürste und erzeugt dann zu große wässrige Farbpunkte. Von der Konsistenz der aufgetragenen Farbe hängt der Sprühnebel ab, der erzeugt wird, wenn man die Bürste über eine Kante schabt. Solch eine Kante könnte ein Plastiklineal sein.
Farbe, die frei aus der Hand gesprüht wird, ermöglicht besonders hier auch weich verlaufende Übergänge. Diese mechanische Art der Sprühtechnik ist sehr zeitaufwendig und unterscheidet sich ganz wesentlich in ihrem Erscheinungsbild und in ihrem Ausdruck von der Airbrush-Technik.
Zum Kennenlernen sollten einfache Formen wie Kreis, Quadrat und Dreieck zum Einsatz kommen. Es können sowohl Negativ- als auch Positivschablonen verwendet werden.

3.3 Arbeitsgang für Vorübungen

Der Arbeitsplatz wird vorbereitet. Zunächst eine Farbe anrühren. Die Konsistenz der Farbe sollte eher „trocken“ sein, d. h. weniger Wasser, viel Farbe. Diese Farbe mit dem Pinsel auf die Bürste auftragen. Die Bürste dann über die Kante eines Plastiklineals auf das Übungsblatt mit vorsichtigem Andruck abschaben. Später empfiehlt es sich, immer zuerst zur Probe auf ein Nebenblatt zu sprühen, bevor es auf dem Bild weitergeht.

Im Folgenden werden vorbereitende Arbeiten gezeigt, die für jedes Bild erforderlich sind, das in einem Rahmen erstellt wird.

1. Schritt: Ein Zeichenblatt auf einem Kartonrücken eines Zeichenblocks befestigen.

2. Schritt: Einen Rahmen im DIN-A4-Format zuschneiden.

3. Schritt: Danach den Rahmen bündig auflegen und unverrückbar mit Klebestreifen befestigen. Dies ist wichtig, damit die verwendeten Folien, d. h. die Schablonen, nicht verrutschen und somit deckungsgleich übereinanderliegen.

Rücken und Rahmen bleiben bis zur Fertigstellung zusammen.

3.4 Beispiele

3.4.1 Thema: Landkarte aus dem Gebirge

Klasse: 6.–8.
Material: Zeichenpapier in DIN A3, Deckfarben, 3 Zahnbürsten
Dauer: eine Doppelstunde

Problemstellung: Kennenlernen der Technik

Einführung: Eine Karte aus dem Atlas wird gezeigt.
Tiefere und höhere Lagen unterscheiden sich durch die Farbgebung.
Eine Seite (z. B. Norden) ist heller, die andere (Süden) ist dunkler. Dadurch entsteht eine dreidimensionale Wirkung.

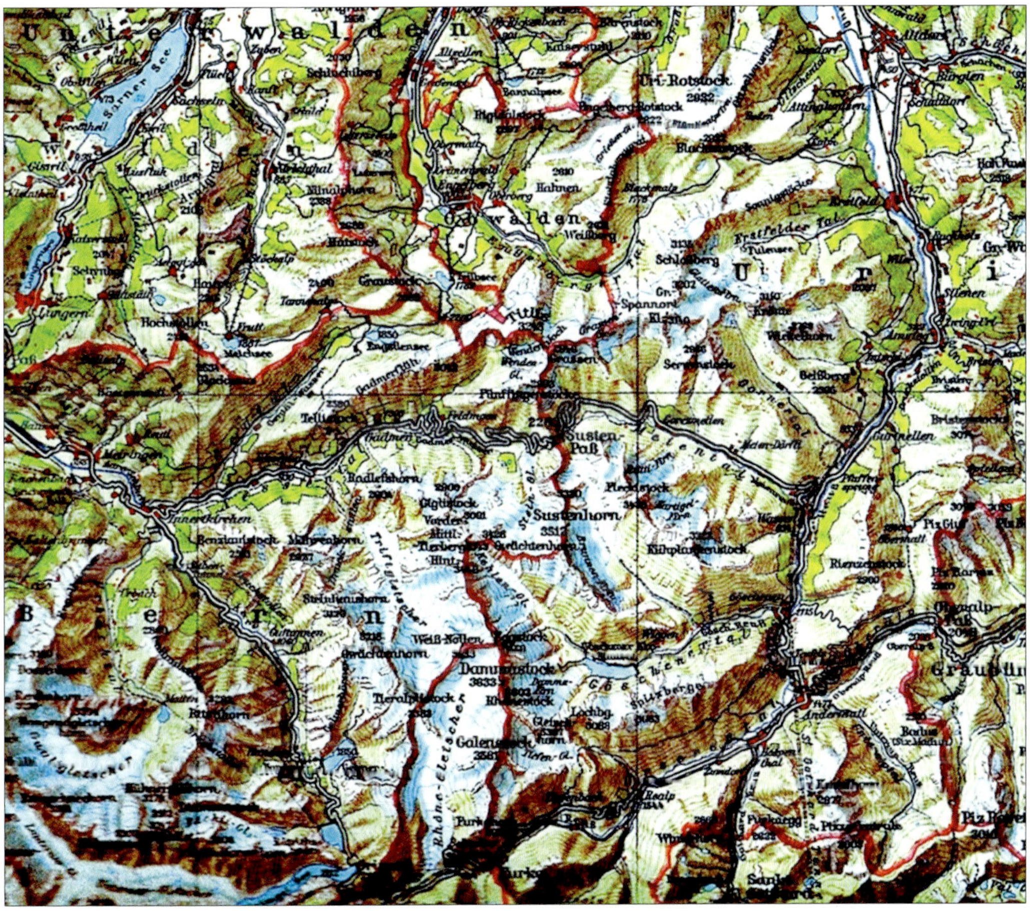

1. Schritt: Knüllen eines Bogens Zeichenpapier.

2. Schritt: Das Papier wieder auffalten und höchstens leicht glätten.

3. Schritt: Der Bogen wird schräg, möglichst steil „aufgebaut". Als Stütze könnte ein Schuhkarton dienen.

4. Schritt: Jetzt nach der oben beschriebenen Technik die Farbe aufsprühen. Der Farbnebel fällt dann auf die oben liegenden Flächen der „Balkone“. Die anderen Flächen bleiben nahezu weiß. Die Farbwahl entspricht dem Thema, das sich aus der Landkarte ergibt.

5. Schritt: Abschließend das Papier wieder vollständig glätten. So zeigt sich die plastische Wirkung des Gebirges aus der Landkarte.

3.4.2 Thema: Spiel mit Kreis, Quadrat und Dreieck

Klasse:	7.–9.
Material:	Zeichenblock in DIN A3, Schablonen (Folien, Karton für Folien), Schneidemesser
Dauer:	2–3 Doppelstunden

Problemstellung: Kennenlernen und Festigen der Erfahrungen mit dieser Technik. Verwendung und Herstellung von Formen mithilfe von Schablonen. Additiver Bildaufbau mit Form und Farbe.

Einführung: Was passiert beim Übereinanderlagern von Farben?
Erarbeiten der Formen. Die Größen, also Seitenlänge oder Radius, sollten aufeinander abgestimmt sein. Dadurch können sie ineinandergestellt werden.
Aus Kostengründen können die Schablonen aus Karton geschnitten werden (z. B. aus den Rücken der Zeichenblöcke).

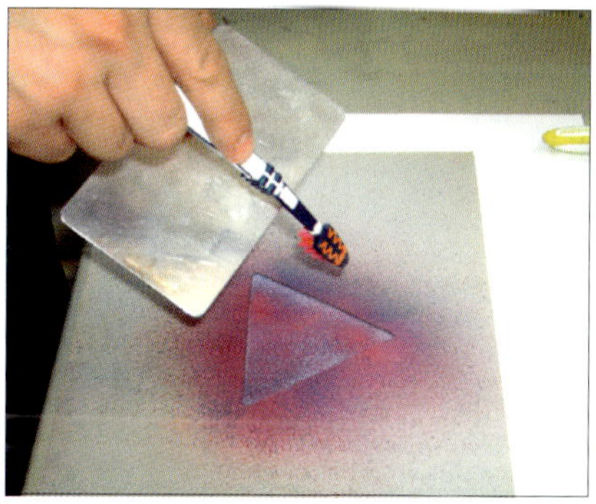

Das Thema kann sowohl mit einer strengen geometrischen Komposition als auch als freies Spiel mit den drei Formen angeboten werden.
Bei der Verwendung von Folien für die Schablonen zeigt sich der Vorteil in der Transparenz der Folien. Dadurch ist es möglich, die darunterliegenden, bereits gesprühten Formen besser zu erkennen und somit exakter in den kompositorischen Aufbau miteinbeziehen zu können.

1. Schritt: Eine quadratische Schablone auflegen und mit einem hellen Grün besprühen. Dann auf dieser Schablone nebeneinander schmale Kartonstreifen auflegen und mit dunklerem Grün besprühen. Dadurch entsteht ein Streifenmuster.

Es ist unbedingt darauf zu achten, dass der Farbauftrag nicht zu nass ist, denn sonst beginnt sich das Papier zu wellen und die aufgelegten Schablonen decken nicht mehr vollständig ab. Dadurch kann es zu unsauberen, ausgefransten Kanten kommen.

2. Schritt: Kreisförmige Schablonen und Formen auflegen und besprühen, ähnlich wie bei der ersten Fläche.

3. Schritt: Die Schablonen können kompositorisch frei eingesetzt werden.

4. Schritt: Je nach Anordnung der Formen und der Farben bzw. deren Dichte kommt es zu entsprechenden Ergebnissen.

3.4.3 *Variationen des Themas*

Verschiedene Übungen mit einfachen geometrischen Formen, mit beliebigen Überschneidungen und wechselnder Farbdichte dienen dazu, Sicherheit in diesem additiven bildnerischen Verfahren zu bekommen. In der Folge kann man sich dann an komplexere Themen heranwagen und dabei auch die Technik verfeinern.

Bis jetzt konnte man die geschnittenen Schablonen oder verwendeten Abdeckungen frei auf einen Bildträger auflegen. Bei den nächsten Arbeiten ist es notwendig, einen Arbeitsrahmen zu verwenden. Dieser entspricht dem Format des fertigen Bildes.
Da als Material für Schablonen Overhead-Folien im Format DIN A4 verwendet werden können, schneidet man einen Rahmen in dieser Größe. Diese wie schon oben beschrieben, auf der Unterlage mit dem Bildträger befestigen.

3.4.4 Thema: Blüte

Klasse: 8.–9.
Material: DIN-A4-Folien, Zeichenblatt in DIN A3
Dauer: 3 Doppelstunden

Problemstellung: Umsetzen komplexerer Motive und Formen mit der Bürsten-Farbsprüh-Technik. Exaktes, sauberes Arbeiten. Hinführung zur räumlich-plastischen Wirkung.

Einführung: Im ersten Schritt das Motiv auf eine sogenannte „Sicherungsfolie" zeichnen. Dies kann eine Abbildung sein, die abgezeichnet wird, oder ein freies Bildmotiv. Die Sicherungsfolie ist wichtig, da sie alle relevanten Linien enthält. Sollten später noch ergänzende Schablonen von Teilformen benötigt werden, so können diese von der Sicherungsfolie abgezeichnet werden.

Als nächstes alle Teilflächen deckungsgleich auf weitere Folien übertagen. Es ist dabei aber darauf zu achten, dass sich berührende Flächen nicht auf ein und derselben Folie sind.

Die Folien mit den einzelnen Teilflächen sind so zu planen und zu bearbeiten, dass sich benachbarte Flächen nicht berühren. Dadurch ist es möglich, einzelne Blätter individuell zu bearbeiten. So wie hier in den Abbildungen gezeigt, wird zunächst die Folie mit den grün schraffierten Flächen ausgeschnitten, in den Rahmen gelegt und besprüht. Danach kommt die Folie mit den roten Schraffuren. Abschließend die mit den blauen.

grüne Linien

rote Linien

blaue Linien

Damit die Zeichnung nicht verwischt, ist es empfehlenswert, auf Folien verschiedene Permanent-Filzstifte zu benutzen. Wenn alle Folien im Rahmen übereinanderliegen, lässt sich feststellen, ob sämtliche abzubildenden Flächen erfasst sind.
Für eine bessere Orientierung beim Auflegen der Schablonen in den Rahmen ist es hilfreich, diese zu markieren (z. B. „li unten" für links unten). Kleinere Formen des Blütenmotivs können, um Material zu sparen, auf frei gebliebene Flächen der Folien gezeichnet und ausgeschnitten werden. Hier ist es sinnvoll, eine zusätzliche Positionsmarkierung anzubringen. Beim Sprühen ist dann darauf zu achten, dass diese Formen abgedeckt sind, da sonst eventuell feiner Sprühnebel auf den Bildträger gelangen könnte.

Zum Sprühen mit den Farben die einzelnen Folien der Reihe nach auflegen und mit den gewünschten Farben besprühen, wodurch sich das Bild aufbaut. Bereits jetzt schattigere oder hellere Stellen beachten. Je dunkler die Stelle, desto dichter sollte der Farbnebel aufgetragen werden.

In der Addition der Folien ergibt sich das fertig grundierte Motiv. Durch Verdichten des Farbauftrags wird die Wirkung intensiviert. Die Verwendung von Schwarz für den Schatten und Weiß für lichtbeschienene Flächen erzeugt eine räumlich-plastische Wirkung.
Ähnlich wie beim Zeichnen verstärkt sich diese Wirkung, wenn man die Spanne zwischen Hell und Dunkel vergrößert.

3.4.5 *Thema: Obst*

Klasse: 8.–9.
Material: DIN-A4-Folien, Zeichenblatt in DIN A3
Dauer: 2–4 Doppelstunden (je nachdem, ob die Rahmen von den Schülern selbst geschnitten werden müssen. Exaktes Arbeiten ist unerlässlich!)

Problemstellung: Räumlich-plastische Wiedergabe eines Gegenstandes mit der Bürsten-Farbsprüh-Technik. Herausarbeiten von Licht und Schatten.
Additiver Bild- und Farbaufbau. Sprühen von Farbverläufen ohne den Einsatz von Schablonen.

Einführung: Auswahl eines geeigneten Motivs. Je nachdem, wie vertraut und geübt die Schüler mit der Technik sind, kann man Themen wählen, die mehr oder weniger detailliert sind.

1. Schritt: Eine Fotovorlage mit entsprechender Größe des Objekts auf eine DIN-A4-Folie mit alle wichtigen Einzelheiten, auch Schattengrenzen, übertragen.

Diese Sicherungsfolie muss alle für das Bild wichtigen Dinge enthalten, da sämtliche Folien mit den einzelnen Detailflächen mit der Sicherungsfolie übereinstimmend und deckungsgleich sein müssen.
Dazu ist es notwendig, dass die Folien im Arbeitsrahmen liegend gezeichnet werden (vgl. Technikbeschreibung). Die Verwendung von unterschiedlichen Permanent-Filzstiften ist empfehlenswert, da man besser erkennen kann, ob alle Einzelheiten erfasst sind.

2. Schritt: Dann jede Folie mit Schneidemessern (Skalpellen) zuschneiden. Dabei ist auf sauberes, exaktes Arbeiten zu achten, da sonst beim Sprühvorgang weiße Ränder an den entsprechenden Formen entstehen.

3. Schritt: Sollte ein farbiger Hintergrund gewünscht werden, muss dieser zuerst gesprüht werden. Dazu heftet man mit einem Tesaröllchen (billige Lösung) die Gesamtform auf das Papier und nimmt die umgebende Folie weg. So lässt sich der Hintergrund entsprechend farbig grundieren.
Soll der Hintergrund weiß bleiben, gleich mit dem 4. Schritt weitermachen.

4. Schritt: Die erste Folie in den Arbeitsrahmen legen. Die ausgeschnittene Form herausnehmen und die nun offen liegende Gesamtform besprühen. Dazu die hellste Farbe verwenden, die in dem Objekt vorkommt.

5. Schritt: Dann alle Folien nacheinander in den Rahmen legen und jeweils in der Farbe der Bildvorlage farbig besprühen. Sollten innerhalb einer Form Farbverläufe notwendig sein, so werden diese entsprechend frei innerhalb der Schablonen gesprüht.
Die farbigen Flächen werden zunehmend farbintensiver. Sie lassen sich durch die Verwendung von Schwarz oder Deckweiß entsprechend dunkler oder heller gestalten. Dadurch ensteht eine plastische Wirkung.

6. Schritt: Wenn alle Folien verwendet wurden, kann es sein, dass „nachgebessert“ werden muss. Dann können mithilfe der Sicherungsfolie oder auch anhand der bereits besprühten Flächen neue Folien nach Bedarf nachgeschnitten werden.

3.4.6 Variationen zum Thema Obst

Um den Apfel mit der Unterlage, auf der er liegt, zu verbinden, muss der entsprechende Schatten gesprüht werden. Zur Verstärkung der Plastizität gilt es, die Spannung zwischen Licht und Schatten hervorzuheben. Dazu sehr vorsichtig und dünn mit Schwarz und Weiß sprühen.

Granny

Rubens

Birne

Paprikaschote

3.4.7 *Themenvariationen*

(Eventuell als Gemeinschaftsarbeit durch Vervielfältigung eines Motivs)

Wenn man entsprechend viele Folien von verschiedenen Motiven gesammelt hat, bietet sich die Möglichkeit frei zu gestalten. Zusätzlich zu den geschnittenen Folien kann man nach Bedarf auch Schablonen aus festerem Papier reißen oder schneiden. Damit ergeben sich nahezu unbegrenzte Möglichkeiten konkrete Formen und weiche Farbverläufe zu erreichen.

Insekten

4 Literatur

Joachim Spies:	Zeichenlehre, Stuttgart (1992)
Lothar Kampmann:	Malerische, graphische und räumlich-plastische Techniken, Ravensburg (1977)
Eberhard Brügel:	Kompaktkurs Zeichnen, Freiburg (1988)
Walter Böhm:	Bildnerisches Gestalten in Unterrichtsmodellen, Oldenbourg Verlag (1996)
Rainer Fritz:	Struktur und Form im Kunst- und Werkunterricht, Ravensburg (1979)